KB176353

배움이 자본이 되고 지식이 돈이 되는 평생기술

출근하지 않고
퇴직하지 않는
1인 지식창업

이종서 지음

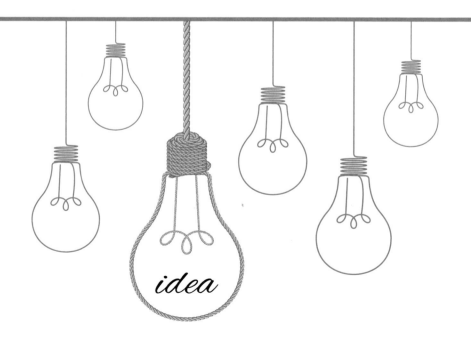

idea

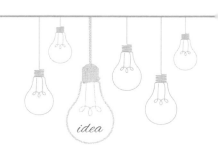

지식창업의 자본은 돈이 아닌 '배움'이고 '지식자본'이 '돈'이 됩니다

"당신의 업무지식, 경험, 취미, 삶의 노하우는 생각보다 더 가치가 있습니다."

우리는 보통 한 가지 직업을 가지고 평생 현역으로 안정되게 일할 수 있기를 희망합니다. 하지만 심심찮게 들려오는 '4차 산업혁명', '화이트칼라의 몰락', '일자리 감축', '희망퇴직'이라는 시대의 화두 앞에서 직장인들은 해를 거듭할수록 미래생존에 관해 고민을 합니다. 머리를 싸매고 고민을 하다가도 아침에 눈을 뜨면 현실의 무게를 체감하고 사람들로 꽉 들어찬 지하철로 무거운 발걸음을 옮깁니다.

직장생활이건 창업이건 어느 한쪽에 중요도의 무게추가 쏠리는 것은 아닙니다. 어느 한쪽이 우위를 점하거나 성공방정식이 있다거나 하는 절대정답이 없습니다. 직장에서 안주하고 나이를 먹음에 따라 도태 될 수도 있지만 회사에 있는 동안은 든든한 울타리의 힘을 경험할 수 있습니다. 반대로 하고 싶은 일을 창업 아이템으로 삼아 삶을 영위한다면 즐겁겠지만, 홀로 독립해 세상과 싸우는 것 또한 리스크는 분명히 있습니다.

그렇다면 최소한 평생직장이 없다는 것은 인지하고 직장에 다니며 자신만의 브랜드를 쌓아가는 도전을 해보면 어떨까요? 자신이 이미 가지고 있는 지식을 활용해서 말입니다.

기존 창업 관련 책들은 많습니다. 그럼에도 이 책이 여러분과 만나게 된 이유는 있습니다. 이 책에서 이야기 할 지식창업은 거대 자본이나 특별한 능력이 없어도 작은 시도를 통해, 작은 도전을 통해 쟁취할 수 있는 영역이기 때문입니다.

음식점 창업 노하우, IT기술을 이용한 벤처사업 성공 신화, 행상으로 시작해 대기업 프랜차이즈를 이룬 CEO의 스토리를 다룬 책들은 기존에 많이 읽어봤을 것입니다. 훌륭한 일가를 이룬 사람들의 이야기는 다른 이들의 귀감이 되기에 충분 합니다. 하지만 읽고 나서는 동기부여만 가득 안은 채 책을 덮고 맙니다. 왜일까요? 자신의 현재 상황과 동 떨어진 이야기가 많기 때문입니다. 지금 당장 회사를 그만두고 창업에 전념하기도 힘들거니와 특정 직군의 전문기술을 가졌던 창업가들을 따라 하기에는 역부족이라 느끼기 때문이죠.

저자는 직장생활 10여 년을 통해 회사라는 조직에서 고군분투한 평범한 직장인이었습니다. 스스로 인문계열 사무직 직장인의 표본이라 생각할 정도였고, 특별한 전문기술을 가지고 있지 않았습니다. 흔한 엑셀 기능을 익히거나 SNS채널을 이용하는 데에도 다른 사람들에 비해 많은 시간이 걸렸을 정도이니까요. 손에 쥔 것 없이 미래를 불안해하는 여느 직장인과 다를 바 없었죠.

하지만 불안감과 위기감은 스스로를 제대로 바라볼 수 있는 계기가 됐습니다. 특히 직장생활 연차가 쌓이며 다음과 같은 질문을 던지기 시작했습니다.

'내가 직장생활을 하며 갈고 닦은 노하우는 무엇일까?'
'남들이 나를 바라볼 때 그나마 부러워하는 능력은 무엇일까?'
'내가 좋아하면서 남들도 좋아할 만한 '수익화 가능 영역'은 무엇일까?'
'돈을 조직으로부터 받는 것에서 벗어나 스스로 버는 방법은 없을까?'

이러한 물음에 '할 수 있다'라고 답할 수 있었던 것은 든든한 '자본'이 있었기 때문입니다. 통장 잔고가 많았다는 것이 아닙니다. 지식창업의 자본은 통장 잔고가 아니라 바로 '배움'입니다. 이 배움을 토대로 지식을 양산하고 판매하면 지식창업자의 길을 걸을 수 있습니다. 저자는 이 책을 쓰는 지금도 작은 성공과 실패를 맛보며 엎치락 뒤치락 현재진행형의 삶을 살아가고 있습니다. 지식창업자들은 평생 공부하고 배우며 자본을 증대시키고 자신에게 투자하기를 반복하기 때문입니다.

조직을 떠남과 동시에 자신의 인생도 끝이 나는 것이 아닙니다. 그때부터 인생 제2막이 시작됩니다. 평소에 제2막을 영위할 준비를 했느냐의 차이는 있을 것입니다. 수중에 자본이 넉넉하다면 자금 기반형 창업도 의미가 있지만 그렇지 못하다면 오롯이 자신에게 투자하기를 권합니다. 단순 서비스 재화를 파는 것이 아닌, 자신의 경험, 업무지식, 노하우를 갈고 닦을수록 지식상품의 가치는 높아가고 그에 걸맞는 수익이 매겨지기 때문입니다.

저자는 '도전하면 누구나 성공한다'라는 말을 좋아하지 않고 하고 싶지 않습니다. 단지 평범한 사람에게도 '자신도 모르는 잠재력은 있다'는 소신을 가지고 그것을 일깨우고자 이 책을 집필했습니다.

자신이 이미 가지고 있는 '지식 자산'들을 활용하지 못하고 다른 곳만 하염없이 바라보는 직장인들과 예비창업자들을 보며 소소한 경험을 나눠야겠다는 생각이 들었습니다. 여러분을 인생의 성공으로 이끄는 대단한 책이 되기보다는 최소한 여러분의 잠재력과 의식의 전환을 일깨워줄 수 있는 작은 디딤돌이 되길 바랍니다. 책을 덮고 나면 여러분도 소소하게나마 지식창업자 대열에 합류할 수 있을 것입니다.

"내일부터라도 가슴 뛰고 좋아하는 일로 가능성을 일궈 가기를
바랍니다."

가을이 오는 길목에서
이종서

PART 1.[연습편]
직장에 다닐 때 스스로를 고용하는 연습하기

idea

chapter. 1

직장인이면 누구나 겪는 흔한 삶의 유형

인생의 비극이란 사람들이 삶을 사는 동안 내면에서 잃어가는 것들이다.
— 알버트 아인슈타인 —

직장인들은 나이가 들수록 무거워지는 인생의 추를 짊어지고 살아간다. 조직이라는 울타리 안에 있지만 내심 미래가 불안하고 출근길은 항상 발걸음이 무겁다. 자신만을 바라보고 있는 가족이 있다면 더 짓눌리는 어깨에 정작 본인의 인생은 돌아볼 여력이 없어진다. 취업이 됐다는 설렘도 잠시 40대, 50대, 요즘은 30대 중반만 되어도 '희망퇴직'이라는 단어가 심심찮게 들리고 '자리'가 불안한 시기가 온다. 이 시기는 직장인이라면 누구든 좋든 싫든 온몸으로 체험하게 된다.

직장인들의 인생은 일방통행 차선에 들어선 자동차와 같다. 한 방향으로 내몰린다. 방향을 돌리고 싶지만 뒤에서 밀고 들어오는 후속 차량에 시야는 전방으로 좁아지고 고정된다. 그렇다고 전방에 지상낙원이 기다리고 있는 것도 아니다. 이정표가 끊기는 막다른 길은 시기의 문제일 뿐 언젠가는 눈앞에 보이기 마련이다. 조직생활을 할수록 직장인들의 시야는 파티션 속에서 좁아지며 일방통행을 당연시 하고, 점점 우회로로 벗어날 수 없는 지경에 이른다.

스펙 쌓기에 몰두하며 토익점수, 자격증에 목맸고 원하던 취업을 이뤄냈다. 하지만 취업과 동시에 스펙 쌓기에 열을 올렸던 결과물들은 쓸모를 잃는다. 다시금 시작되는 '승진 전쟁'에 돌입해야 했고 불합격과 합격자로 양분된다. 계약직 임원 자리를 따내기 위해 다시 한 번 전쟁에 뛰어들지만 깃발을 올리는 것은 소수에 불과하다. 취업, 승진까지 죽을힘을 다해 통과해도 그때부터가 또 다른 시작이다. 직장인에게 취업이라는 '시작'은 성취하기 어렵지만 퇴직이라는 '끝'은 생각보다 일찍 찾아온다. 특히 실무에 손을 뗀 관리자급 이후의 삶은 살얼음판을 걷는 것과 같다. 그렇다면 법으로 명시된 일방통행 차선 법규는 지켜야겠지만, 자신의 인생에는 우회로나 지름길을 만들어야 하지 않을까? 좋든 싫든 직장인이 겪는 흔한 삶의 유형을 몇 가지로 나누어 볼 수 있다.

첫 번째, 조직 엘리트형

취업 -> 실무자 -> 관리자 -> 임원 -> 창업의 단계를 거친다. 소수의 엘리트 코스를 밟는 경우이다. 차장, 부장급의 관리자 직급을 넘어서 임원직까지 꿰찬다. 임원직도 엄밀히 보면 계약직이지만, 재직 동안은 상당한 연봉과 지위를 누릴 수 있다. 임원직에서 물러나고 나면 그 동안의 경력을 발휘해 관련창업을 하거나 유사 직종으로 이직을 해 생활을 영위한다. 자리가 정해져 있어 누구나 쉽게 걷는 길은 아니다. 어쨌든 직장생활에서 일가를 이룬 전형적인, 사회 구조가 만들어 낸 엘리트 유형이다.

두 번째, 경력 창업형

취업 -> 실무자 -> 관리자 -> 경력창업의 단계를 거친다. 팀장급의 관리자까지는 승진이 가속화 된다. 임원자리를 목표로 했지만 좌절되고 차장, 부장 직급에서 퇴사를 선택한다. 퇴사를 선택하는 이면에는 자신이 지금까지 몸담았던 직무경험을 창업으로 이어갈 자신감이 있기 때문이다. IT개발 직무에 경력이 깊다면 관련 창업으로 사업을 꾸려나갈 수 있다. 기획 직무에 몸담았다면 프리랜서 기획자로 회사를 설립할 수 있다. 이러한 경우 창업 성패의 리스크는 당연히 있겠지만 자신의 경력을 십분 발휘할 수도 있다. 자신이 직장에 다니며 지금까지 배운 업무 노하우를 창업지식으로 이어간다면 든든한 자본이 될 수 있다.

세 번째, 퇴직금 기반 창업형

취업 -> 실무자 -> 관리자 -> 자본투자 창업의 단계를 거친다. 관리자급까지는 무난히 승진하지만 30대 후반에서 40대에 이르며 많은 생각을 하게 된다. 지금까지 직장에서 10여년을 잘 버텼지만, 앞으로의 10년에 대해서는 확신이 서지 않고 슬슬 고민이 드는 시기이다. 일반 사무직이나 특별한 기술을 요하지 않는 직무에 종사했다면 고민의 골은 더 깊어진다.

　10년, 20년 몸담았던 직무를 활용해 창업으로 이어나갈 수 없을 때 문제는 심각해진다. 결국 오랫동안 일해 왔던 회사와 인연이 끊기는 순간 경력 단절이 된다. 그동안 직장에서야 자신의 직무에서 전문가처럼 일해 왔건만 막상 퇴직하고 보니 직무경험이 창업아이템으로 쓰기에는 너무나 흔하고 경쟁력이 없음을 느낀다. 결국 퇴직금을 기반으로 오프라인 창업에 눈을 돌린다. 결국 치킨 가게를 선두로 하는 '프랜차이즈 공화국'에 입성한다. 물론 수완이 좋다면 살아남을 수 있지만 직장에서 퇴직을 전후해 겪었던 1차 전쟁에 이어 또 다른 살얼음판을 걷는 2차 전쟁에 돌입하게 된다. 주위를 둘러봐도 가장 눈에 띄는 직장인의 퇴직 유형이다.

네 번째, 지식기반 창업형

　취업 -> 실무자 -> 관리자 -> 지식기반 창업형의 단계를 거친다. 이 유형은 기존 3가지 유형과는 차별화 된다. 저자 또한 10년 간 직장생활을 하며 퇴직하기 3년 전부터 철저하게 이 프로세스를 만들고 겪어냈다. 위 3가지 유형과는 다른 점은 직장생활과 업무에 익숙해질 대로 익숙해진 시점에 승부를 걸어야 한다는 것이다. 회사 생활 10년차를 전후해 직장에 다니면서 자신만의 브랜드를 쌓아가는 것이다. 마냥 쉽지는 않다. 도전할 가치는 있다. 경력이 단절되고 월급이 나오지 않는 퇴직 후의 창업 준비는 자칫 잘못하면 재앙을 불러일으키는 것과 같다. 물론 이 유형에 속하고자 한다면 더 부지런해지고 독해져야 한다. 직장생활을 영위하며 두 번째 인생을 준비하기 위해서는 양쪽의 무게추가 흔들리지 않도록 조율하는 자기관리가 절실히 요구되기 때문이다.

책을 읽고 있는 여러분은 어느 유형에 속하고 싶은지 묻고 싶다. 물론 인생이라는 긴 항로에 답으로 정해진 방향은 없다. 첫 번째 유형처럼 엘리트 코스를 밟기 위해 부단히 노력해 직장에서 성공한다면 박수 받을 만하다. 두 번째 유형처럼 자신의 직무경험을 살려 창업으로 이어지게 만든다면 창업의 리스크 여부를 떠나 도전에 의의가 있다. 세 번째 유형도 프랜차이즈 창업에 대한 비용과 위험성이 크긴 하지만 장사수완이 좋다면 성공할 수 있다. 하지만 자신의 미래가 위 3가지와 동떨어져 있거나 창업비용이 없다면 과감하게 네 번째 유형을 위해 노력해 보면 어떨까. 무조건 성공이 보장되는 창업은 없다. 그럼에도, 특별한 스펙이 필요한 것도 아니고 공부한다는 자세와 철저한 자기관리만 있으면 성취할 확률이 높아지는 유형이기 때문이다.

물론 어떠한 분야라도 노력 없이 저절로 이루어지는 것은 이 세상에 없다. 있더라도 성취의 가치는 오래가지 못할 것이다. 손에 무언가 쥐려면 먼저 손가락을 펴고 땀을 흘려야 한다. 땀을 흘리고 최선의 노력 후에 손에 쥐는 것이 생긴다. 하지만 아이러니하게 지식기반 창업은 손에 쥔 것이 없어도 시작이 가능하다. 대부분 어떻게 시작해야할지 모를 뿐이다. 이 책을 통해 누구나 지식창업이 가능하다는 희망의 노래만을 들려주고 싶지는 않다. 그럼에도 마음가짐을 충분히 했다면 이미 반은 시작한 것이나 다름없다. 생각만 하는 사람과 실행으로 옮기는 사람의 차이는 분명히 있을 것이다.

직장인은 불안한 시대에 살고 있다. 조직의 구성원이라는 일시적 안락함에 편승하지 않고 자신만의 실력으로 세상에 스스로를 증명할 방법을 찾아야 한다. 직장을 넘어서더라도 불안한 것은 마찬가지지만 직장에 다니는 동안 자신만의 무기를 갈고 닦는다면 불안감은 최소화 할 수 있다. 그 무기가 바로 앞으로 이야기 할 자신의 지식과 배움이다.

chapter. 2

자본이 없어도 배움이 밑천이 되는 지식창업의 매력

> 항상 젊음을 위해 미래를 개발할 수는 없지만, 미래를 위해 젊음을
> 개발할 수는 있다.
> – 프랭클린 D. 루스벨트 –

"이용자 지식 공유 서비스, 궁금한 것, 아는 것 참지 말고 지식iN 해보세요"

네이버의 지식공유 플랫폼 <지식iN> 서비스의 안내 문구다. 네이버의 <지식iN> 서비스가 자리를 잡은 지도 꽤 많은 시간이 흘렀다. 포털사이트 '다음'의 점유율을 야금야금 잠식한 일등공신이라 말할 수 있을 만큼 네이버 <지식iN> 서비스의 파급력은 대단했고 현재도 진행형이다.

네이버는 최근 지난 2년간 지식 공유 플랫폼 지식인에서 활발하게 활동한 '분야별 지식인' 100여 명을 선정해 발표했다. 분야별 지식인은 쇼핑, 경제, 사회·정치, 교육·학문, 게임, 건강, 생활 등 총 13개 분야에서, 채택 답변 수 등 정량적 기준과 기본적인 정성 평가를 통해 후보자를 선출한 후, 이용자 투표를 통해 최종 선발됐다. 2주간 진행된 이번 투표에는 약 1만 9천명의 이용자가 참여했다. 지식인의 단편적인 상황만 봐도 누군가의

지식을 원하고 자신의 지식을 나누는 형태는 더 이상 새로울 것이 없다. 지식을 원하기만 하던 사람도 자신 있는 분야에 관해서는 누군가에게 답변을 해주고 있다. 쌍방향의 지식 순환 시스템이 움직이고 있는 것이다. 답변을 해줄 사람이 아마추어인지 프로인지 개의치 않고 자신의 심리상태를 적나라하게 밝히기도 하고 위안의 도움을 얻고자 한다. 사업이 망한 이유까지 세세하게 열거하며 창업에 대한 도움의 손길을 기다리고 있다. 오히려 너무나 많은 지식정보로 인해 양질의 정보를 걸러야 되는 지경까지 이르렀다. 우리는 이렇게 다른 사람의 지식을 갈구하고 자신의 지식으로 타인에게 영향을 끼칠 수 있는 시대에 살고 있다.

10년 동안 직장생활을 하면서 많은 직무를 경험했다. 상품기획, 온라인영업, 전자인증, 해외인증, 해외영업까지 다양한 직무를 맡았고 크고 작은 회사에서 일했다. 스펙이 그다지 좋지도 않았고 남들만큼 성실히 업무에는 임했으나 소위 사회가 바라는 엘리트 인생을 살지는 못했다. 그래도 주어진 일에는 최선을 다했고 일부지만 상사들로부터 인정을 받기도 했다. 물론 직장생활을 하면서 나와 맞지 않는 사람들도 수없이 만났고 얼굴을 붉히는 일도 적지 않았다.

좋든 싫든 이리 저리 부대끼며 조직생활을 하다 보니 5년차를 지나 불안감과 회의감이 밀려왔다. '지금처럼 앞으로도 이 조직에서 내가 잘 해나갈 수 있을까?', '10년, 20년 뒤에 조직에서 어떠한 모습으로 살아가고 있을까' 꼬리에 꼬리를 무는 의문과 불안감에 휩싸였다.

5일 열심히 일한 대가로 주어지는 하루 이틀의 휴식에 만족하는 삶을 퇴직까지 끌고 가야 할지 고민이 앞섰다. 직장에서 버틸 때까지 버티더라도 퇴직 후의 삶은 또 어떻게 준비할 것인지 의문도 생겼다. 그렇다고 아무것도 준비되지 않은 상황에서 직장생활을 등질 수도 없었다. 어쨌든 직장에 다니는 동안은 책상도 주어지고 의자도 주어지고 전화기, 다이어리도 주어진다. 생계를 책임져 주는 고마운 곳이 직장이었기에 쉽사리 어느 한쪽을 선택하지 못했다. 결국 선택은 직장에 다니며 미래를 준비하는 쪽으로 기울었다. 시간은 항상 부족했다. 업무시간에는 직장생활에 오히려 더 충실했고 자투리 시간을 활용했다. 주말 시간을 대폭 자기계발에 투자했다. 처음에는 목표가 불분명했기에 단지 책을 많이 읽고 영어공부도 하며 자격증도 취득했다. 두서없이 공부를 이어갔지만 어쨌든 불안감이 다소 덜어졌다. 하지만 단순 자기계발로는 부족했다. 조금 더 확실한 공부가 필요했다.

타인에게 도움이 되고 수익도 얻을 수 있는 그런 공부가 필요했다. 내가 공부하고 싶은 분야보다 다른 사람이 얻고 싶어 하는 지식을 공부했다. 평일에는 직장생활에 충실했고 주말에는 휴식에 가중치를 두기보다 내 꿈에 무게를 두었다.

처음에는 재능기부로 신입사원 모의 면접, 심리컨설팅, 영어 과외, 자기 소개서 첨삭, 이벤트 외주 기획, 게임콘텐츠 개발을 시작했고 시간이 지나며 점차 수요가 생겨났다. 본업도 아니었고 주말에만 진행이 가능했기에 한정된 시간 동안 내 콘텐츠를 시험해 보는 기회라 여겼다.

지식기반 창업은 많은 장점을 포함하고 매력도 충분히 있다. 직장에 다니며 자신의 미래가치를 위해 도전해볼 만한 일이다. 지식창업의 매력을 몇 가지로 압축해보면 다음 정도로 볼 수 있다.

첫 번째, 준비하는 과정에 큰 자금이 들지 않는다.

퇴직금을 단번에 털어 넣는 오프라인 창업과는 대칭점을 이룬다. 단지 자신이 알고 있는 것을 알고자 하는 사람에게 제공하는 것이 지식창업의 근간이다. 물론 처음부터 자신의 단편적인 지식을 돈을 주고 사들일 사람은 많지 않다. 자신의 지식을 가치 있게 바꾸는 것에는 돈보다 시간이 소모된다. 시간은 곧 노력이다. 이 노력은 공부에서 시작된다. 큰 자본이 투입되어야, 점포를 만들어야 사업이 시작되는 다른 창업과는 달리 내면에 자신만의 경험과 지식을 저장하고, 그것을 숙성시켜 끄집어내면 지식창업의 기반이 된다.

두 번째, 시간과 공간에서 자유롭다.

저자는 2주에 한 번 작은 태블릿 PC만 가방에 넣은 채 여행을 다닌다. 여행을 다니다가도 일거리가 많을 때에는 한 곳에 잠시 머물러 업무에 집중한다. 국내 경제지와 기업 사보 칼럼 작성, 후속책 원고작성, 기획수업 커리큘럼 작성, 글쓰기 강의 준비, 심리상담 유형 분석, 이직/퇴직 상담, 책쓰기 강의 준비, 두뇌게임 콘텐츠 개발, 특허아이디어 편집 등 모든 일을 온라인으로 해결 할 수 있어 특정장소에 상주해야할 이유가 없고 사무실도 필요 없다.

도서관이, 카페가, 공원이, 버스정류장이, 펜션이, 바닷가가 사무실이 된다. 공간과 장소가 자유로우며 시간을 스스로 통제할 수 있다. 하루에 일거리를 몰아 처리하고 내리 3일을 쉴 수도 있고 조금씩 일을 배분하고 저녁이 있는 삶을 살아갈 수도 있다. 수입의 크기를 떠나 자신이 하고 싶은 일을 하며 시간에서, 공간에서 자유롭다는 것은 내가 살아있다는 느낌을 가질 수 있고 큰 보람을 느낄 수 있다.

세 번째, 다른 사람에게 선한 영향력을 끼칠 수 있다.

사람은 누군가에게 선한 영향을 끼치는 자신을 볼 때 뿌듯함을 느낀다. 자아존중감이 형성되고 자존감이 높아진다. 스스로의 삶에 더 애착을 가지고 다른 사람을 도울 그릇을 키워나갈 수 있다. 지식창업에 눈을 뜨기 전 직장생활을 하며 무엇이라도 해야 한다는 강박관념과 불안한 마음에 심리, 레크리에이션, 보드게임 강사 등 자격증 20여 개를 취득했다. 재능 기부로 이직

스트레스를 받는 직장인들을 대상으로 심리 상담을 했고 경기도 소재 양로원과 고아원을 돌아다니며 보드게임 수업을 통해 여러 사람들과 함께 했다.

나로 인해 누군가가 위안 받고 웃을 때 스스로 느끼는 보람은 더욱 커졌다. 이후 쇼핑몰 솔루션 개발, 심리치료, 게임콘텐츠 개발, 글쓰기, 책쓰기, 퇴직 공부법 강의를 이어나갔다. 자신이 가졌던 두려움을 없애가는 수강생들이 문자메시지로 고마움을 표시하는 것을 보며 남을 돕고 내가 매긴 가치대로 수익도 창출하며 살겠다는 마음을 다졌다. 더 좋은 영향력을 펼치겠다는 사명감 같은 것이 마음속에 자리 잡았기 때문이다. 지식창업의 자본은 자신의 지식과 타인에게 전달할 수 있는 좋은 영향력의 결합이기 때문이다.

네 번째, 스스로 배움의 깊이가 깊어진다.

지식창업은 자신이 현재 알고 있는 것만으로 이루어질 수 없다. 끊임없이 공부하고 학습해야 한다. 자신의 전문 지식도 중요하지만 타인이 어떤 지식과 정보를 원하는지 파악하는 것이 중요하다. 끊임없이 트렌드를 알아보고 그것에 맞춰가고 변화해야 한다. 이러한 학습이 선행 되고 실시간으로 이루어져야 도태되지 않는다. 이러한 흐름만 지속적으로 따라간다면 지식창업은 공부한 만큼 얻을 수 있다. 직장에서 하기 싫은 업무를 맡으면 3년, 5년이 가도 스스로 발전하고 있다는 기분이 들지 않는다. 타성에 젖어 그

일에 익숙해졌을 뿐 타인에게 제공할 '수익가치'로 변환시키기는 어렵다. 의식적으로 지식 가치를 생산할 분야, 좋아하는 분야를 정한다면 공부하면서 스스로 성장해나갈 수 있다.

미국 웨이크포리스트 대학 교수 마야 안젤루는 다음과 같이 말했다.

"변화를 갈망하는 욕구가 험난한 가시밭길을 다지고 내 마음을 개척한다."

직장생활을 하다보면 변화에 둔해지고 안주하기 쉽다. 지금 현재에 안주하는 것에 만족한다면 변화는 필요 없다. 변화가 필요함에도, 마지못해 안주하는 것에 만족하고 있다면 도전은 필요하다. 직장생활의 끝에는 무엇이 기다리고 있는지 이미 모두 알고 있다. 누군가는 이 시간에도 그 끝이 오기 전에 미리 준비하고 있다. 시간과 공간에서 자유롭고 자신의 지식이 자본이 되는 지식창업. 오늘 퇴근을 하고 곰곰이 생각을 해볼 이유로 충분하다.

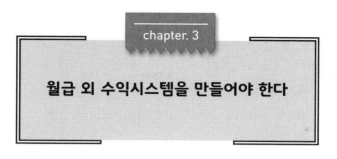

chapter. 3

월급 외 수익시스템을 만들어야 한다

학생이 되기를 멈춘 자는 한 번도 학생인 적이 없었던 자이다.
– 조르지오 일리스 –

직장인들이 받고 있는 월급의 형태는 시대에 따라 변화를 거듭해 왔다. 월급의 유래는 고대 로마시대에도 기록이 남아있다. 기원전 1세기 고대 로마의 정치가 플리니우스가 남긴 백과사전 형태의 저서 <박물지>에는 군인들의 병역 대가와 관련한 소금에 얽힌 이야기가 기록돼 있다. 로마 군대는 기원전 106년부터 귀족에게만 부과되던 병역의무를 모든 시민을 대상으로 확대했다. 병사 수가 증가함에 따른 군수 물자 조달이 문제였다. 로마군 수뇌부는 병사들이 직접 밥을 해먹고, 모든 짐을 지고 다니게끔 지시했다. 병사들은 십자가 모양으로 나무를 묶어 천막, 물통, 식량 등을 매달아 지고 다녔다.

문제는 곧 발생했다. 무거운 군장을 지고 행군하다 보니 탈수현상이 왔고 병사들은 탈진에 이르렀다. 탈진을 막기 위해 소금이 필요했지만 그 당시 소금은 전량 수입품이었기 때문에 돈을 지불하고 구매해야만 했다. 결국 로마 집정부는 귀한 소금을 월급개념으로 병사들에게 지급했다. 월급을 의미하는 영어단어 'salary'에도 비슷한 유래가 남아있다. 'salary'는 라틴어로 소금(sal)을 지급한다는 뜻의 '살라리움(salarium)'에 그 어원을 두고 있다.

동양 기록에도 서양의 salary에 대비되는 '보수(報酬)'의 유래가 남아 있다. '갚을 보(報)'와 '갚을 수(酬)'로 이루어져 있는 보수(報酬)의 개념은 술과 관련 있다. 주인이 일꾼들에게 삯을 줄 때 일한 대가로 보답하는 뜻에서 술을 대접한다는 뜻이 담겨 있다.

산업혁명과 함께 화폐단위로 월급의 형태가 바뀌었고 지금까지 이어져 왔다. 시대는 변하고 월급 형태는 변했지만 서양이든 동양이든 '월급'의 개념은 '일한 대가로 주어지는 반대급부'라고 볼 수 있다.

Payday, 사전에서 이 영어단어를 찾아보면 '월급지급일'로 명시돼 있다. 아마도 직장인들이 가장 반기는 영어 단어가 아닐까 싶다. 사전에 포함된 예문들을 살펴보면 월급의 속성을 잘 표현하고 있는 것을 알 수 있다.

Payday is still a week away
(월급날은 아직 일주일이나 남았어)
Do you, too, run out of money long before the next payday?

(다음 월급날은 아직 멀었는데 너도 벌써 돈이 다 떨어졌니?)

It's my payday today, so I have a fat purse

(오늘은 월급날이라 주머니가 두둑하다)

It's just a day before payday, and I'm broke

(월급날 직전이라 지금은 빈털터리 수준이야)

He always goes broke two days after payday

(그는 월급을 수령한지 이틀이면 빈털터리가 된다)

직장인들에게 월급은 '일을 한 대가'라는 보상의 개념을 넘어 생계를 유지하는 주요 수단이다. 고정적으로 나가는 월세, 휴대폰 요금, 자동차 할부, 전세 대출 이자를 짊어진 소중하고 없어서는 안 될 목숨줄이 됐다.

어린 시절 아버지의 노란 월급봉투를 받아 들고 가계부를 정리하시던 어머니의 모습을 자주 봤다. 아버지의 월급봉투 하나로 다섯 식구가 생계를 유지했다. 어느 날부터 꼬박 꼬박 눈에 보이던 아버지의 월급봉투가 도착하지 않는 달이 많아졌고 급기야 끊기는 달이 생겼다. 아버지는 공장에서 일을 하시다 등 부위를 크게 다치셨고 집에도 못 오신 채 병원에서 치료를 받으셨다. 수개월 간 아버지 얼굴을 보지 못했다.

고등학교 시절까지 따뜻한 물에 손을 담가본 기억이 별로 없다. 온수가 나오는 친구 집이 마냥 부러웠다. 한 겨울에는 연탄보일러가 작동이 되지 않아 실내인데도 입에서 하얀 입김이 흘러나왔다. 연탄 보일러 수리비를 꾸러 나가셨던 아버지는 이내 빈손으로 돌아오셨고, 그때의 슬픈 표정은 20여 년이 지난 지금도 잊혀지지 않는다.

겨울에 아버지의 월급마저 끊기다 보니 가족들은 생계를 위해 각자 뛰어 다녔고 어렸던 나는 차가운 방 안에서 간장 하나에 밥을 비벼먹는 일상이 지속됐다. 영양 공급이 부족하다 보니 만성 빈혈에 시달렸고 햇볕이 내리 쬐는 야외 조회 시간에 제대로 몸을 가누지 못했다. 항상 친구나 선생님의 부축을 받아야 했다. 그때는 어려서인지 우리 집이 가난한지 몰랐다. 하지만 차츰 학창시절을 보내며 가난이 부끄럽지는 않았지만, 극복할 대상임은 깨달았다. 돈에 목숨 걸 필요까지는 없지만 돈이 없으면 불편하다는 생각은 가지게 됐다.

직장생활을 시작하고 시간이 지날수록 고민이 많아졌다. 가족의 생계를 유지하고 생활을 영위하게 도와주는 고마운 월급이지만 어느 날 갑자기 예고도 없이 끊겨버린다면 무슨 일이 일어날까 불안했고 대비를 해야 했다. 어린 시절 겪었던 경험도 작용했지만 하나 둘, 자의 반 타의 반 퇴직으로 내몰리는 선배들과 지인들을 보면서 많은 생각을 할 수 밖에 없었다.

직장인의 월급은 회사에 다니는 동안만 지급된다. 언젠가는 끊긴다. 이직을 준비하는 잠시 동안의 기간에도 목돈의 월급이 끊기면 타격이 크다. 고정지출은 많은데 수입이 끊기면 마이너스로 돌아선다. 하물며 퇴직하고 30년 되는 긴 세월 동안 월급이 들어오지 않는다면 그때 가서 준비하면 늦는다는 것을 누구나 알 수 있다. 이것은 누구나 느끼는 참 명제다.

그럼에도 준비에는 손을 놓고 있다. 회사에 영원히 다닐 것처럼 미래 준비는 '그때 가서 준비하자'라는 마음이 앞선다. 현실적으로 지금 현업이 너무 고달프고 하루 벌어 살기도 빠듯한 이유 때문이기도 하다. 너무나 고마운 월급이지만 언젠가 끊길 존재. 이러한 사실을 인정하고 직장에 충실히 다니면서도 자투리 시간을 활용해 자신의 수익시스템을 만드는 것은 어찌 보면 당연할 수도 있다.

별다른 준비 없이 목돈을 이용해 프랜차이즈 창업에 손을 대면 위험성이 크다. 직장생활을 소홀히 하며 딴 생각에만 몰두하는 것도 두 마리 토끼를 모두 놓칠 우려가 있다. 다만 평일에는 직장인으로 열심히 일하되 허투루 버려지는 시간과 휴일 단 하루만이라도 소중히 활용해 보는 것이다. 지식을 쌓아가고 직장을 넘어서도 살아갈 수 있는 경쟁력을 쌓아가는 시간으로 말이다.

수백억대 젊은 부자들에 대한 뉴스가 심심찮게 들려온다. 그만한 부에는 직장에 다니며 이뤄내기엔 힘든 엄청난 나름의 시간과 비용, 노력들이 숨어 있을 것이다. 이들에 비해 대단하지는 않지만 소소한 일련의 지식 기반 활동만을 통해, 월급은 한 푼도 쓰지 않고, 부수입으로만 생활을 영위하는 날이 많아지면서 가능성을 맛봤다. 처음에는 보잘 것 없고 소소했던 내 지식을 활용해 결국 큰 자본 없이 수익을 얻을 수 있었고, 직장에 다니며 월급을 상회하는 수익을 창출했다. 자신도 모르게 1인 지식 창업가의 길로 들어설 수 있었다.

직장인들은 일한 시간에 비례해야만, 일하는 장소에 있어야만 월급을 받는 시스템에 익숙해 있다. 자고 있거나 여행을 갔을 때에도, 다른 업무를 보고 있을 때, 다른 장소에 있을 때에도 수익이 나는 시스템에 대해 공부를 할 필요가 있다.

직장생활을 열심히 해 최고의 반열에 오른다면 멋진 삶이다. 하지만 모두가 그럴 수는 없다. 한정된 자리에 많은 사람이 발을 디디고 함께 올라설 수는 없다. 누군가는 떨어져 나올 수 밖에 없는 구조다. 떨어져 나오기 전에, 미리 떨어져도 살아남을 수 있는 경쟁력을 갖춰야 한다. 월급이라는 외줄 타기에 익숙해지다 보면 그 외줄이 끊겼을 때 옆에 다른 동아줄이 없다면 그대로 추락하고 만다. 또 다른 생명줄은 여러분의 지식으로 만들 수 있다. 거대 자본을 투입하지 않아도 된다. 월급이라는 외줄은 회사에서 만들어 지급했고 반납할 시기가 온다. 자신의 지식으로 직접 만든 생명줄은 공부를 할수록 질겨지고 반납하지도 않는다. 도전하고 공부할 마음만 있다면 지식 기반 생명줄을 만들어 갈 수 있다.

chapter. 4

지금 바꾸지 않으면 현재 얻는 것들만 얻게 된다

내일은 우리가 어제로부터 무엇인가 배웠기를 바란다.
- 존 웨인 -

출근길 달리던 버스가 급정거해 몸이 앞으로 쏠려 옆 사람 발을 밟아 난처한 경험을 한 적이 있는가. 어린 시절 놀이터에서 뛰어놀다가 모래 속 돌부리에 걸려 다친 경험이 있는가. 우리는 브레이크를 급히 밟지는 않을까 앞 차량을 조심해야 하고 레미콘 트럭이 급커브를 하는 바람에 넘어져 끔찍한 사고를 내는 뉴스를 보기도 했다.

"외부에서 힘이 작용하지 않으면 운동하는 물체는 계속 그 상태로 운동하려고 하고, 정지한 물체는 계속 정지해 있으려고 한다"

갈릴레오 갈릴레이가 처음 관성의 개념을 사용했다. 뉴턴은 이 내용을 정리해 정립했다. 그는 1687년 저서 <프린키피아>로 고전역학을 집대성 했고 자신의 운동 법칙 3가지를 제시했다. 그 첫 번째가 관성의 법칙이었다. 사실 이 '관성의 법칙'은

뉴턴에 의해 정립되기 전에도 고대 전쟁사에서 이미 전략으로 사용됐음을 엿볼 수 있다.

영화 <300>은 그리스와 페르시아의 전쟁을 특출난 그래픽 연출로 그려냈다. 영화에서는 스파르타의 강력하고 남성미 넘치는 육군 보병을 포인트로 잡아냈다. 하지만 역사보다 덜 강조된 내용 중 하나가 아테네를 비롯한 그리스의 해군력이다. 지중해를 이용한 무역으로 번성할 수 있었던 기틀을 마련한 것도 해군이었다. 고대 해전은 아군의 배로 적군 배에 다가가 들이받는 전투 양상이었다. 배의 내구성과 무게가 중요했다. 거기에 들이받는 힘을 높일 가속도가 중요했다. 속도를 내기 위해서는 노를 젓는 인원이 많이 필요했다. 결국 많은 인력을 유지하고 적정 수준의 배 숫자를 유지하기 위해 상당한 유지비가 들었다.

우수한 해군을 보유한 아테네는 스파르타와의 교전시 해상봉쇄로 유리한 고지를 점령하겠다는 계산이었다. 하지만 점점 해군 운용 자금이 부담이 되는 시점에 스파르타의 육지전에서도 절대적인 우위를 점하지 못해 밀리기 시작했다. 이 결과 그리스 도시국가들 간의 내전은 장기전 양상으로 변하며 그리스의 쇠퇴를 야기했다.

카르타고의 한니발을 물리친 로마의 스키피오의 일화도 전해진다. 스키피오는 한니발의 코끼리 부대를 깨부수기 위해 전략을 폈다. 코끼리가 육중한 무게로 인해 한 번 돌진하면 방향 선회가 어려운 점에 착안해, 돌격을 유도한 후 부대 전형을 무너뜨렸다.

　관성의 법칙은 외부에서 힘이 가해지지 않을 때 작용한다. 반대로 생각하면 힘이 가해지면 관성은 깨지거나 없어진다. 연초가 되면 지난 한 해의 게으름을 반성하고자 사람들은 서점가로 몰리고 신년 다이어리가 불티나게 팔려 나간다. 1년 계획을 꽉 채워 써 넣을 것 같았지만, 마음과는 다르게 '1월' 부분에만 이것저것 빼곡히 적은 다이어리와 마주한다. 작심삼일로 끝날 때가 많지만 금연계획도 세운다. '새해'라는 상징적인 외부의 힘을 빌려 자신에게 입혀진 관성이라는 덧옷을 끌어내리려 노력한다.

　직장인에게 관성의 법칙은 어떤 의미로 다가올까? 직장생활에도 일정 주기가 있다. 대리급 까지는 실무자로서 일을 배워나가고, 후배도 챙기고 윗선의 눈치도 봐야 하는 등 여러모로 바쁘다. 과장, 차장, 부장 등 관리자 급에 들어서면 실무는 덜어지나 책임은 늘어난다. 성과의 압박이 커지고 팀원을 챙기느라, 가족도 한창 부양해야 하는 때로 안팎으로 여력이 없다. 자연스럽게 새로움을 찾기보다 지금까지 해왔던 대로 대충 '응용'해 살아간다. 일정한 주기로 슬럼프가 오기도 하고 낫기도 하면서 일과 일상의 경계가 모호해진다. 때로는 악착같이 공부를 한다거나 배움을 이어나가기도 하지만 관성을 벗어나기란 쉽지 않다. 하루 이틀 주어지는 휴식은 평일 일한 것에 대한 보상심리로

꼼짝을 하기 싫고 잠을 청하기 바쁘다. 직장인 시절 일요일 약속을 잡지 않을 정도로 하루 종일 잠을 자기도 하고 무조건 쉬어야 한다는, 휴식에 대한 강박관념이 있었다. '황금 같은 휴일인데 하루 종일 쉬지 않으면 다음 주가 힘들어 질꺼야' 이런 생각이 은연중 당연스럽게 느껴졌고 5년차 이상까지 이어졌다.

직장인에게 5일 열심히 일한 것에 대한 하루 이틀 휴식이 값지고 소중한 것이지만, 직장생활을 10년 정도 했을 때 문득 뒤를 돌아보게 되면 공허감이 밀려올 때가 있다. '조금 더 무모했더라면', '다른 영역에 도전해볼걸', '주말에 미리 퇴직 공부를 해볼걸' 하고 말이다. 평일은 평일대로 일에 치여 퇴근 하면 잠에 빠져들기 바쁘고, 주말은 주말대로 정신없이 잠을 청하거나 시간을 죽이는 것에 익숙하면 정체기에 빠지고 발전이 없을 것임을 확신했다.

이대로 지금의 관성에 치우쳐 살아가다가는, 퇴직 이후의 삶을 머릿속에 그릴 수 없다는 생각을 했다. 현재에 충실한 것도 중요하다. 하지만 현재가 쌓인 미래는 곧 다가온다. 결국 퇴직도 현실인데 멀리 있는 것 같아 와 닿지 않을 뿐이다. 곧 다가올 현재라 생각하고 여러 분야에 관심을 가지기 시작했다.

처음에는 '내가 무엇을 할 수 있을까?'에 집중했다. 일을 마치고 평일 저녁에 무엇을 할 수 있을까. 주말 중 하루는 오롯이 무엇을 위해 시간을 보내볼까. 처음에는 지식 창업의 개념이 없어 노동을 돈으로 바꾸는 부업으로 시작했다. 한정적인 시간에 할 수 있는 것. 하객대행, 대리운전, 맥주박스 상차, 인형 탈을 쓰고 전단지를 돌리기도 했다.

돈을 버는 것에 의의를 두고 투잡도 의미 있는 시간이라 생각했다. 생업으로 종사하는 분들에게도 귀중한 직업이기 때문이다. 하지만 체력적으로 힘이 들었고 내가 생각하는 미래의 비전과 이어질 수 없는 일이었다. 결정적으로 나만의 경험치나 노하우가 쌓이지 않았다.

나태해지지 않기 위해 간헐적으로만 부업을 했다. 대신 도서관으로 향하는 시간이 많아졌다. 처음에는 큰 목적이 있던 것은 아니다. 워낙 책을 좋아해서 도서관에 갔을 뿐 뚜렷한 목표는 없었다. 공부하지 않으면 도태될 것 같은 불안감에 시간 때우기 식으로 가기도 했다. 시간이 지나 지식을 활용해 여러 사람들을 만나며 직장이라는 울타리 밖의 세계로 발을 내딛기 시작했다. 처음 시작은 단순 공부였다. 관심이 가는 분야에 대해 박식한 지식을 얻고 싶었다. 내가 몸담았고 자신 있는 분야는 기획이었다. 새로운 것을 만들고 기존 것들을 결합해 콘셉트를 뽑아내는 것에 익숙했다. 공부할 경제, 역사, 정치, 시사 분야들을 뽑아내고 엑셀, 다이어리에 정리하기 시작했다.

야근을 마치더라도 도서관에 10시에 도착해 경제경영, 인문, 심리, 역사 관련 공부를 하면서 많은 지식을 체화했고, 그때부터 누군가를 도울 메시지를 체계화 해야겠다고 생각했다. 처음은 두서없는 넓은 공부였지만 대상을 좁힐수록 메시지를 만들어 낼 수 있었다.

같은 힘을 들여 새로운 관성을 만들 때 잘못된 관성을 뒤집기에는 많은 힘이 든다. 그 관성이 오래되고 녹슬고 시간의 타성에 젖어 있을수록 되돌리기가 쉽지 않다. 모든 삶이 그렇지만 현실에 안주하고 과거에 파묻혀 살고 '새로움'과 '배움'이 아닌 '타협'과 '반복된 응용'에 익숙해지면 10년, 20년이 지났을 때, 직장을 떠나게 될 때, 손에 쥔 것이 없음을 한탄하게 된다. 자신의 체력을 회복하고 정신을 맑게 하는 휴식은 직장인에게 필요하다. 하지만 주말, 휴일 중 하루쯤은 시간을 내 온전하게 자신의 능력을 배양한다면 조직에서 떼어져 나와도 살아갈 힘을 기를 수 있을 것이다.

chapter. 5

지식창업의 기초 근육은 배움으로 만들어 간다

많이 보고 많이 겪고 많이 공부하는 것은 배움의 세 기둥이다.
– 벤자민 디즈라엘리 –

서부 영화를 보면 무법자들에게 쫓겨 급하게 마차를 몰고 가는 주인공이 등장한다. 말이 이끄는 마차. 이 마차는 전차(戰車)에 기원을 둔다. 멀게는 오리엔트, 이집트 문명시대에 1마리 혹은 여러 마리가 끌던 2륜 전차의 기록이 남아 있다. 중국 은(殷)나라, 주(周)나라에는 사마(駟馬)라고 하는 4마리의 말이 끄는 전차가 있었다. BC 8세기경부터 기마병이 등장해 전투가 기마전 양상으로 바뀜에 따라, 군사용으로 발달한 마차는 차츰 승용, 화물용으로 바뀌어 바퀴도 2개에서 4개로 변화했다.

마차는 19세기 초에 여행, 유람용으로 활용됐다. 서부개척 시대 미국에서는 역마차가 사랑 받았다. 한국에서는 고종황제가 사용했는데, 교통수단으로써 마차의 이용은 대중화되지 못했고 주로 화물운반용으로 이용됐다. 세계 각국, 특히 유럽에서 교통수단으로 많은 이용과 사랑을 받던 마차는 기차, 자동차, 시내전차의 등장으로 입지가 좁아져 지금은 드물게 화물운반이나 관광용으로 옛 모습을 유지하고 있다.

마차를 모는 사람을 코치맨(coachman)이라 불렀는데 여기서 '코치'는 헝가리의 도시 코치(Kocs)에서 개발된 말 네 마리가 끄는 마차에 기원을 두고 있다. 마차와 열차를 비교해 보면 코치의 의미와 역할을 잘 이해할 수 있다. 열차는 단체 손님에 대해 같은 속도, 같은 목적지, 동일한 경로로 동일한 목적지에 승객을 내리는 단체서비스다. 마차는 개별 승객에 대해 각기 다른, 원하는 목적지에 내려주는 맞춤형 서비스다. 마부에서 유래한 코치는 현대사회에 들어서며 운동선수들의 목표, 운동량, 심리분석을 돕는 사람을 일컫는 익숙한 단어로 자리매김했다. 요즘은 운동영역을 넘어서 개인의 잠재 능력을 끌어내고, 목표 설정, 실천적인 행동, 결과의 성취를 가능하게 도와주는 협력 관계로 정의할 수 있다.

지식을 기반으로 하는 창업을 선택했다면 배움은 필수조건이다. 어떤 사람이건 많은 지식과 경험을 가지고 태어날 수 없다. 배울 수 밖에 없다. 독서로, 체험으로, 강연참여를 통해 누군가에게 듣고 배우는 것이 단지 지식을 탐하는 것이 아닌 자신을 성장시키는 촉매제가 될 수 있다. 초등학교 시절부터 대학교까지 이어지는 '정형화된 학습'이 아닌 마음에서 우러나오고 다른 사람에게 도움이 되는 '적극적 배움'을 통해 지식을 양산해내는 것이 '지식근육'을 만드는 지름길이다. 그래서 가장 빠른 길은 누군가의 선생님이 되는 것이다. 누군가를 가르칠 때 진정한 공부가 된다는 것을 우리는 익히 알고 있다.

직장인들은 한해가 지나갈수록 격무에 시달리고 사고가 굳어져 가는 느낌을 받는다. 상명하달식으로 주어진 업무에 익숙해져 정형화된 일처리에는 익숙하나 자신이 직접 무(無)에서 가치를 만들어 내고, 브랜드를 만들어내고 누군가에게 영향을 끼치는 것에는 익숙지 않다. 자신이 맡은 한정된 직무에서 일하는 것에 익숙하지만 경영자의 마음으로 사는 법은 조직에서 배우기 쉽지 않기 때문이다.

저자도 직장생활을 오래 하며 맡은 일에는 충실했지만, 6개월 이상 맡았던 프로젝트 성과가 모두 회사에 귀속되고, 단지 한 두 줄로 이력서 경력란에 '6개월 00프로젝트 경험'이라고 단출하게 써야 하는 현실이 다소 씁쓸하기도 했다. '내 스스로, 내 맨손 하나로, 열정으로, 경험으로, 지식으로 만들어낼 수 있는 영역과 성과는 무엇일까' 끊임없이 물음을 던졌다.

결국 탈출구는 공부였고 배움이었다. 스펙도 별로 좋지 않고 돈이 많은 집안에서 태어나지 않았으며 직장생활에만 물들어져 있는 내가 할 수 있는 일은 그것뿐이었다. 전문 직종 시험에 응시해 출세 가도를 달릴 타이밍도 놓쳤고 그럴 자신도 없었다. 학창시절 기본은 했지만 우수한 성적을 내는 학생도 아니었다. 공부에 조예가 깊지도 않았다. 하지만 마음 깊은 곳에서

피어오르는 열정과 의지는 회사 밖의 세계에 눈을 뜨게 만들었고 후천적 배움의 길에 들어서게 만들었다.

요즘 많은 이들의 선망이 되고 있는 공무원 시험에 실패한 경험이 있다. 점점 가세가 기울어 가던 때에 공부를 시작했던지라 집안의 처진 분위기에 많이 휘둘렸다. 엄밀히 말하면 스스로 의지를 다잡고 밀어부치는 힘이 부족했던 탓이다. 영어 과목은 특출 나게 성적이 잘 나왔지만 나머지 과목에서는 고배를 마셨다. 모든 과목을 골고루 공부하는 스킬이 부족했고 결국 실패는 자괴감에 빠져들게 했다.

수년이 지난 지금에 와서 생각을 해보면 그 당시에는 많은 과목에 집중하지 못해 실패했지만, 지금은 오히려 한 가지에 집중해 온 정신을 모은 결과, 하고 싶은 일을 하며 살아가고 있다. 어렸을 때는 모든 것, 많은 분야에서 두각을 나타내고 잘하고 싶었지만, 어느새 선택과 집중에 충실하고 있었다.

하고 싶은 것은 많고 공부하고 싶은 것이 많지만 시간이 부족할 경우 어떻게 해야할까.

모든 분야에서 처음부터 자신이 쥐어 잡고 공부를 해나가기에는 '절대 시간'이 부족하다. 저자는 주식, 경매, 부동산, 법률 등 공부하고 싶은 분야가 많았다. 기초 경제 개념도 부족한데 독학으로 모든 것을 깨우치기 쉽지 않았다. 학생시절이었다면 처음부터 모두 공부했을지도 모르지만 나이를 먹을수록 한 두 단계를 뛰어넘을 필요성을 느꼈다. 다른 해야 할 일도 많았기 때문이다. 최소한 기본이론 단계나 기초적인 흐름, 방향은 전문가에게 배우고 그 이후부터는 내가 오롯이 노력으로 일궈야겠다는 생각이 들었다. 소정의 돈으로 시간을 사고 그 위에 내 지식을 얹어 나가니 시간의 부족함에서 조금씩 벗어날 수 있었다. 단, 한가지 철칙은 세웠다. 10만원의 비용이 드는 강의를 들었다면 100만원 이상의 가치를, 20만원짜리 강의를 들었다면 200만원 이상의 가치를 뽑아내겠다는 목표였다.

악착같이 '나의 것'으로 만들고 앞으로 나아갈 초석을 다진다는 생각으로 임했다. 시중에 훌륭한 무료강의도 많지만 무료의 가치는 배우는 사람의 의지를 불사르기에는 부족한 감이 있다. 그리고 '딱' 무료만큼의 가치만 보여주는 강의도 많기 때문이다.

직장생활을 하면서도 주말이 되면 일단 집 밖으로 나갔다. 주로 세미나, 강연을 찾아다녔다. 새로운 사람들을 만나고 알지 못하던 세계와 분야를 의식적으로 찾아다녔다. 내가 모르는 것을 소정의 강연비를 내고 배웠다. 동시에 내가 이미 잘하는 것은 단순한 낙서에서 시작해 점차 엑셀파일, 파워포인트로 옮겨 '지식화' 해나갔다.

지식창업을 짊어질 수 있는 기본 근육은 거대 자본이 아니라 공부할 의지와 배움 그 자체다. 독서실에 가서 자신이 목숨 걸어볼 지식 분야에 새벽 시간을 불태워볼 의지가 있는가. 주말에 남들은 여기저기 놀러 다닐 때 세미나에 참석해 새로운 사람들과 지식세계에 눈떠볼 마음이 들었는가. 자신이 잘하는 분야를 시간을 할애해 체계화 하고 누군가를 도울 준비가 되었는가. 큰 욕심 부리지 않고 월급 외 수익으로 사랑하는 사람들에게 작은 선물이라도 해줄 마음이 드는가. 그렇다면 퇴근 후 2시간 공부가 당신을 변화 시킬 것이며 배움이 자본이 될 것이다.

chapter. 6

자신만의 브랜드로 단돈 1만원이라도
벌 수 있는가

강력한 이유는 강력한 행동을 낳는다.
— 윌리엄 셰익스피어 —

중국 춘추시대, 서로에게 연락할 통신이 없던 시대에 방문자는 주인집의 탁자에 무언가를 남겨 놓고 다시 길을 떠났다. 탁자에 놓인 '그것'을 보고 집 주인은 그 사람의 집을 방문했다. 서양에서는 만나고자 했던 사람을 만나지 못하고 돌아올 경우 '비지팅 카드'라는 형태로 메시지를 남기고는 했다. 16세기 중엽 독일에서 이탈리아로 유학을 갔던 학생이 귀국하기 전에 뵙지 못한 선생님들께 자신의 이름이 적힌 카드를 남겼다는 것이 '이것'의 시초가 됐다.

직장인들이 인사를 건넬 때 사용하는 명함. 자신의 소속과 직무, 직급, 이름 등을 알리는 흔한 비즈니스 도구로 사용하고 있다. 명함은 중국에서 대나무를 깎아 이름을 적은 것에서 유래했다는 이야기가 전해진다. 현대에 들어 인쇄한 명함을 사용하는 것이 보편화됐고, 이름 외에 주소, 전화번호, 직장명, 직위 등을 기입한다. 명함의 모양, 크기는 나라마다 여러 가지인데 현재

한국에서 사용하고 있는 것이 일반적이며, 영국, 미국에서는 성별로 크기가 다르기도 하다. 종이 외에도, 플라스틱 인화지, 얇은 두께의 철판을 활용한 것도 있다. 이 밖에 자신의 컬러사진을 곁들인 명함도 등장하는 등 다양해지고 있다.

직장인들의 서랍을 열어보면 명함이 수북하게 쌓여있다. 외부 미팅을 많이 하는 영업직이라면 따로 명함 지갑을 가지고 다닐 만큼 타인의 명함도 많이 가지고 있다. 일일이 내가 누구라고 말할 필요 없이 명함에 새겨진 회사로고와 직급, 직책이 자신을 설명해 주고 있다. 내가 받아든 명함으로도 상대방이 누구인지 얕게나마 알아차릴 수 있다. 외부 거래처의 담당자와 명함을 주고받는 순간 비즈니스 관계의 첫 물꼬가 터지는 것과 같다. 회사의 대변자로서 상대방 회사의 대리자와 특정한 '관계의 성립'이 이루어진다.

그런데 여기서 건네는 이 명함은 과연 내 존재를 한층 더 부각시켜주는 존재일까, 아니면 단지 '나'라는 개인의 존재를 희석시키고 회사라는 큰 울타리의 후광효과만을 상대방에게 건네는 도구일 뿐일까? 직장생활을 하면서 이 부분에 대해 깊이 있게 생각을 해보는 시간이 많아졌다.

입사예정인 신입사원들을 위해 서랍정리를 하던 중 서랍 한켠에 가지런히 놓인 수많은 명함들이 눈에 띄였다. 며칠 전 퇴사한 박 차장님의 본인 명함과 거래처 담당자들의 명함이 뒤섞여 있었다. 순간 '왜 명함을 가져가지 않으셨지?'라는 생각이 들었지만, 이내 '아, 퇴사하는 마당에 이 명함들이 무슨 필요가 있겠어?'라는 생각도 교차했다.

자기소개서와 같은 역할을 도맡아 했던 명함이 퇴사, 퇴직과 동시에 한낱 '종이'로 여겨져 폐기처분 대상으로 바뀐다는 현실에 다소 쓸쓸함이 들었다. 동시에, 언젠가는 반납해야 하는 명함이 없어졌을 때, 스스로 부가가치를 창출할 수 있는 자신만의 브랜드를 손에 쥐고 있는지 되묻고 싶었다. 회사라는 울타리를 벗어나 명함이 없어졌을 때 내 이름만을 내밀어 가치를 창출하고 살아갈 수 있는 힘을 가지고 있는지, 만들어가고 있는지 질문을 했고 답을 찾기 위해 노력했다. 똑같이 돈을 벌더라도 '돈은 직장에서 받는 것'과 '돈은 내 스스로 만드는 것'은 자립성의 면에서, 세상을 바라보는 관점에서 많은 차이가 있다는 것을 인지해 갔다.

재능기부와 동시에 직장생활 관련 저서를 펴내고 지역 독서모임, 기업강의, 저자 강연회, 컨설팅을 통해 많은 직장인들을 만났다. 칼럼 요청이 온 기업의 사보에 글을 연재하며 직장인들과 지면으로 만나는 시간이 늘었다. 몇 년 전 까지만 해도 저자의 사인을 받는 위치였지만, 누군가의 사인요청에 정성스럽게 편지형식으로 사인을 남겨주는 상황으로 바뀌었다. 고맙게도 책의 내용에 공감하는 직장인들이 메일과 카톡 메시지로 고마움의 표시와 응원의 말을 전해왔다. 이때 나의 작은 노력, 작은 정보가 누군가에게는 큰 힘이 되는 메시지로 작용한다는 것을 느껴 많은 감정이 교차했다.

곰곰이 생각해 보면, 작가가 되기 전 인상 깊게 읽었던 책의 작가에게 메일을 보내 만남을 가진 적이 많았다. 답변을 기대하지 않았지만 대부분의 저자들이 회신을 보내왔고 그들의 인생 메시지는 내게 큰 힘이 됐다. 아마도 그때부터 나도 누군가에게 메시지를 전달하고 작게나마 좋은 영향력을 끼치는 사람이 되고 싶다는 열망이 강해졌던 듯 싶다.

직장인 신분임에도 자기계발 강의를 하고, 취업준비생들의 자소서 첨삭을 도와주고 심리컨설팅을 진행했었다. 심지어 직장인이 직장인의 이직컨설팅을 했다. 고정관념의 틀을 깼다. 그 당시에는 스스로 깨닫지 못했지만 결국 내 지식과 노하우를 누군가에게 나누어 주고 있었던 것이다. 도움을 받은 사람들이 지인들에게 추천을 해주면서 조금씩 수면 위로 내 존재감을 어필할 수 있었다. 블로그에 쓴 연재 글을 보고 대기업에서 사보 칼럼 요청이 들어왔고 나의 지식과 경험을 나누어 주는 대가로 한 달 월급에 준하는 계약금을 받기에 이르렀다.

기업으로부터는 내 지식노하우에 대한 정당한 대가를 받았지만, 주머니 사정이 여의치 않은 취업준비생과 심리컨설팅을 받는 사람들에게는 비용을 받지 않겠다고 했다. 하지만 돈 대신 머그컵, 텀블러, 책, 열쇠고리, 자동차 방향제, 초콜릿, 심지어 삶은 옥수수

같은 소박하지만 정성어린 선물을 건네니 그것까지 뿌리칠 수는 없었다. 지식은 유형의 상품이라기보다 상대방이 가치를 느끼게 되면 마음에서 우러나와 보답을 하고자 하는 '특수한 소비재'라는 생각을 하게 됐다.

저자는 경제적으로 완전히 자유로운 인생을 꿈꾸는 것은 아니다. 큰 기업을 운영해 나갈 만큼의 깜냥이 되지 못함을 스스로도 알고 있다. 그 정도의 위치에 오르기 위해서는 그만큼의 노력과 재능이 필요한 것도 당연할 것이다. 다만, 월급이라는 하나의 그릇에 모든 것을 내맡기고 의지해 나가기보다는, 명함이 없어졌을 때에도 나만의 지식으로 단 돈 1만원이라도 벌 수 있는 능력을 연습해 나가는 것이 중요하다는 것이다.

일을 할 수 있음에 감사함을 느끼고 살아가는 시대가 됐다. 직장생활을 하는 것 자체가 누군가에게는 부러움의 대상이고, 사무실로 출근하는 것 자체가 누군가의 꿈이 될 수 있다. 하지만 이 세상에 영원한 것은 없다. 지금의 누군가에게는 꿈처럼 느껴지는 것이 언젠가는 가치를 잃고 사그라드는 때가 온다. 모든 것에 체념하고 '공수래 공수거'의 마음으로 유유자적 마음 편하게 살아갈 수도 있겠지만 현실은 녹록지 않다.

유형적으로나 무형적으로나 자신에게 투자하고 앞으로의 3년, 5년, 10년을 미리 계획하고 준비하는 사람에게는 불안은 덜 할 것이다. 지금 자신의 명함에 적힌 이름과 직급, 직책, 소속을 읽어보라. 검정색 잉크로 쓰여진 그 글씨들이 사라질 때, 자신의 브랜드와 경쟁력을 바로 뒤이어 새겨 넣고 당당하게 걸어 나갈 수 있는지, 퇴직금 없이도 맨 몸 하나로 세상에 도전을 할 수 있는지 곰곰이 생각해보는 것. 먼 훗날로 미룰 것이 아닌, 바로 오늘, 내일이 되었으면 한다.

chapter. 7

월급이 꼬박 나오는 지금
지식창업 준비하기

위대한 사람은 기회가 없다고 원망하지 않는다.
– 랄프 왈도 에머슨 –

영어 표현 중 'between Scylla and Charybdis'라는 것이 있다. 진퇴양난에 빠진 상황에 놓였을 때 갈팡질팡하는 모습을 나타낸다. 여기에 표현된 Scylla(스킬라)와 Charybdis(카리브디스)는 호메로스의 <오디세이아>에 나오는 바다괴물들이다. 이 괴물들은 여신의 형상을 하고서 오디세우스가 배를 몰고 지나가야 하는 길목 양쪽에 각기 자리 잡고 있었다.

스킬라는 여자의 몸에 발이 열두 개가 달렸고 기다란 목을 여섯 개 가지고 있었다. 목마다 무시무시한 머리가 달려 있는데 그 끝에는 커다란 이빨까지 달려있었다. 바다괴물의 저주를 받아 기괴한 모습을 하고 있었다. 스킬라는 지나가는 배의 길목에 숨어 있다가 선원을 낚아채 목숨을 앗아갔다. 스킬라의 반대편에는 신의 음식을 먹는 바람에 제우스의 노여움을 사 저주를 받은 카리브디스가 살고 있었다. 바다의 신인 포세이돈조차 카리브디스가 일으키는 소용돌이의 힘은 막지 못했다. 그곳을 지나가는 배들은 속수무책으로 통째로 빨려 들어갈 수 밖에 없었다.

트로이 전쟁의 영웅 오디세우스는 두 가지 갈림길에서 한쪽을 선택해야만 하는 운명에 처해 있었다. 결국 오디세우스는 스킬라에게 여섯 명의 선원을 잃고 위기에서 벗어났다.

위험을 뜻하는 영어 단어 '리스크(risk)'는 <오디세이아>의 이 장면에 나온 암초나 절벽을 뜻하는 그리스인의 항해 용어였던 '리자'에서 유래했다. 원래 뜻은 '뿌리'였으나 점차 '암초' '낭떠러지' 등 바다위의 장애물을 나타내는 의미로 변해갔다. 당시 뱃사람들이 항해 중에 맞닥뜨리는 높은 파도보다 더 무서워했던 것이 갑자기 나타나는 암초였다. 이후 로마에서는 '리시쿰(risicum)'의 형태로, 뒤이어 스페인(riesgo), 독일(rysigo), 이탈리아(risgo), 프랑스(risque) 등 유럽 각국 언어로 전파됐다.

우리도 오디세우스처럼 선택이나 도전을 할 때 항상 '리스크'를 고려한다. 이 선택을 했을때 포기해야 할 것은 무엇인가. 저 선택을 했을 때 짊어지고 가야할 것은 무엇인가. 아니면 차라리 지금의 상태로 살아가는 것이 나은가. 물론 가만히 있더라도 리스크를 가중시키는 경우도 많다. 변화해야 할 상황임에도 현재의 달콤함에 취해 안주하고 있다면 선택이나 도전을 하지 않은 리스크를 언젠가는 떠안을 때가 온다는 것이다. 각박하게 돌아가는 이 세상에서 살아남으려면 의지, 용기, 긍정적인 마음,

꿈, 목표, 성실함 외에도 '돈'이 필요한 것은 어쩔 수 없는 사실이다. 오디세우스 입장에 현대적인 '자본'의 의미를 입혀보면 '불가피한 일부 손실'과 '전체손실'의 딜레마 중에서 선택을 해야 했던 것이다.

직장인들은 매달 꼬박 꼬박 나오는 월급의 고마움을 느끼지만, 이내 밀린 카드값으로 목돈이 사라지는 현실에 익숙하다. 직장생활을 할수록 월급에 대한 고마움보다는 '목돈 입금'에 너무나 익숙해져, 언제까지나 자신의 계좌에 '목돈'이 들어올 것으로 기대하고 살아간다.

직장생활 5년차에 이직을 위해 5개월 간 회사를 그만 둔 기간이 있었다. 매달 들어오던 월급이 멈췄을 때 일상생활에 직격탄을 맞은 격이었다. 월급이 꼬박 입금될 때는 휴대폰 통신비나 5만원 남짓의 보험료가 부담이 없었지만, 월급이 사라지는 순간 5만원, 10만원의 부담감은 가감 없이 크게 다가왔다. 수입이 없이 지출만 있다 보니 그동안 모아둔 잔고는 벌어들일 때와는 상상도 못할 속도로 빠져나갔다. 하물며 퇴직을 하고 30년 이상 월급의 도움 없이 살아가야 한다고 생각하니, 과연 내가 이 순간 무엇을 해야 하며 어떻게 앞으로를 준비해야 할지 머리속에 그려졌다.

사람들은 보통 미래에 대한 불안감으로 '창업'이라는 단어만 보면 도전의 불씨를 지피다가도 '내가 무엇을 할 수 있겠어'라는 마음으로 스스로 꺼뜨리고는 한다. 목돈을 크게 들이는 창업이든 소호 창업이든 자신의 노력으로 성과를 이뤄내면 그만큼 값진 것이 없다. 하지만 퇴직금을 일시에 털어 넣는 창업은 어쩔 수 없이 리스크가 너무나 크다. 모든 일에 있어 '최선을 다하면 성공한다'는 말은 창업에서만큼은 배제하고 싶다. 자신의 인생이 크게 좌지우지 될 수도 있는 선택이기 때문에 신중에 신중을 가할 수 밖에 없다.

직장에 다니며 월급이라는 나름의 '거대 자본'이 매달 계좌에 입금 될 때, 자신만의 '창업 테스트'를 해야 하는 이유가 여기에 있다. 월급이 끊길 때 즈음 돼서야, 퇴직할 때 돼서야 부랴부랴 투자할 대상을 찾는다면 늦을 수 밖에 없다. '월급'이라는 든든한 자본이 있을 때 실패도 용인된다. 일어설 버팀목이 되기 때문이다.

'월급의 70%는 저축해야 재테크를 제대로 하는 것이다'라는 미디어, 언론의 이야기는 단지 은행이 외치는 목소리와 같다고 보면 된다. 적금에, 저축에 목숨 걸고 한 푼이라도 아끼는 생활도 오래해 봤지만 나에 대한 투자, 미래에 대한 투자만큼 스스로를 발전시키는 것은 없었다. 지금의 10만원, 20만원을 들인 '창업테스트 비용'이 아까울 수는 있겠지만, 저정도의 돈이 금고에 쌓인다고 해서 내게 밝은 미래를 가져다 주지는 않는다고 굳게 믿었다. 스스로 쓸데없는 허영심에 고가의 물건을 사들이는데는 인색했지만, 소정의 돈을 들여 수익화 할 수 있는 방법에 대한 연구비 명목으로는 돈을 아끼지 않았다.

사실 비용이라고 해도 사람들에게 건네는 '커피 값'이 대부분이었다. 재능기부 공고를 내걸고 여러 사람들과 만나면서 오히려 그들에게 시원한 아메리카노 대접을 했다. 상담까지 해주는데 음료까지 사주시냐며 고마움을 표했다. 상대적으로 나보다 열악한 환경에서 고군분투 하는 사람들이 많아 마음에서 우러나왔을 뿐이었다. 대신 사람들이 겪고 있는 어려움이 무엇인지 연령별, 성별, 직업군 별로 정보를 취합해 지식으로 체계화 했다. 취업준비생들, 퇴직 직전 직장인, 경력단절 여성들, 30~40대 직장인들이 무엇을 원하고 무엇에 가치를 느끼는지 육성으로 생생하게 들을 수 있었다. 발품으로 얻은 경험들은 추후 책을 집필하고, 동영상 강의 촬영을 하고, 강연을 하고, 칼럼을 쓰며 살아가게 만들었던 소중한 초석이 되어 주었다.

직장에 다닐 때, 월급이 꼬박 나올 때 미래 준비를 해야 하는 이유는 명확하다. 월급이 끊겼을 때를 가정하여 미리 창업연습을 해볼 수 있다. 지식창업은 실패라는 개념이 적다. 자신의 메시지를 전달하고 가치를 얻을 대상이 없다면 다른 방향으로 선회하면 된다. 매몰 비용이 없다. 다른 고객들을 찾아 나서면 된다. 그래도 창업이니만큼 소정의 비용은 필요하다.

사람들을 만나고 누군가에게 베풀고 지식에 투자하려면 월급의 힘이 필요하다. 일반 창업은 큰 비용을 투자하고 그 비용을 회수하기까지 버티는 것이 가장 힘겨운 시기이다. 지출은 고정적인데 수입이 받쳐주지 못하면 끝내 파산에 이를 수 있다.

대부분 자본 회수의 시기까지 버티려다가, 혹은 버티지 못해 중간에 주저앉는 경우를 신문이나 미디어를 통해 익숙하게 봐왔다.

10여 년의 고생 끝에 고향으로 돌아온 오디세우스처럼 직장인들도 인생의 모험에 직면하게 되면 많은 실패와 장애를 겪을 수 있다. 물론 도전하지 않으면 안전할 수 있지만 아무런 일도 일어나지 않음도 인지해야 한다. 직장생활에서 최고가 되어 엘리트의 반열에 올라 퇴직연한을 마치고 은퇴한다면 그보다 안정적이고 행복한 삶도 없을 것이다. 하지만 그러한 미래가 완전하게 보장되어 있다고 해도 자신만의 메시지를 만들고 누군가를 돕고 누군가에게 선한 영향을 끼치며 살아간다는 것 자체가 의미 있는 삶이 될 수 있다. 자신의 안정적인 삶을 영위하게 도와주는 귀중한 월급에서, 자신의 꿈을 위한 비상금으로 소정의 비용만큼 떼어 놓는 것도 인생의 또 다른 전략이 될 수 있을 것이다.

---
chapter. 8

나만의 세계를 만들어가는 연습하기

내가 가진 감각들이 아니라, 그것으로 하는 무엇인가가 나의 세계다.
— 헬렌 켈러 —

　지구상에 일어난 천재지변으로 인해 소수만이 생존한 근 미래. 지구 종말의 생존자라 믿고 있는 링컨 6-에코와 조던 2-델타는 수많은 동료들과 함께 유토피아에서 풍족한 삶을 누리지만 동시에 통제를 받으며 살고 있다. 아침에 눈을 뜨면 몸 상태를 검사하고, 먹는 음식과 대인관계까지 철저히 감시받는 환경 속에서 사는 이들은, 지구에서 유일하게 오염되지 않은 희망의 땅 '아일랜드'로 추첨 되어 떠나기를 바라고 있었다.

　매일 같이 똑같은 악몽에 시달리던 링컨은 제한되고 격리된 이곳 생활에 의문을 품게 된다. 곧, 자신이 알고 있던 세상 모든 것들이 거짓이었음을 깨닫는다. 자신을 포함한 그곳의 모든 사람들이 사실은 스폰서(인간)에게 장기와 신체부위를 제공할 복제인간이라는 것. 결국 '아일랜드'에 선택되어 떠난다는 것은 신체부위를 인간에게 제공하기 위해 무참히 죽임을 당한다는 것을 의미했다.

어느 날, 복제된 산모가 아이를 출산한 후 살해되고, 장기를 추출 당하며 비명을 지르는 동료의 모습을 목격한 링컨은 아일랜드로 떠날 준비를 하던 조던과 탈출을 시도한다. 그간 감춰졌던 비밀, 엄연히 존재하고 있는 외부의 진짜 모습을 보게 된 이들은 자신들의 스폰서를 찾아 나서고 오직 살고 싶다는 본능으로 탈주를 계속한다.

복제인간과 인간의 욕망을 드러내 흥행을 했던 영화 <아일랜드>의 주요내용이다. 누군가 만들어놓은 세상과 질서를 진실인 줄 알고 순응해 살아가는 복제인간들의 모습이 인상적이면서 안타까웠다.

우리는 태어나면서 여러 개의 인생 갈림길에서 선택을 하게 된다. 부모들은 자녀의 초등학교를 집에서 가까운 곳으로 보낼지, 학군이 좋은 곳으로 보내야 할지 고민을 한다. 취업준비생들은 취업인구에 대비해 보면 몇 개 안되는 대기업을 가기 위해 천편일률적인 스펙을 쌓고 있다. 와인을 마시는 사교 집단에 들어가야 자신의 인생이 피는 양 사람들이 추앙하는 집단, 질서, 경로에 속하기 위해 자신을 그 틀에 맞춰 살아간다. 좋든 싫든 누군가 항상 한 발짝 앞서 만들어 놓은 세상에, 조직에, 질서에, 규칙에 편입하기 위해, 순응하기 위해 안간힘을 쓴다.

때로는 사회적 통념에 의해 눈치를 보고 선택을 강제당하기도 한다. 예전보다 결혼을 하지 않는 요즘 세태를 인정하는 분위기이지만, 얼마 전 결혼을 하지 않겠다며 '비혼식'을 올린 남성에 대한 우려 섞인 댓글들을 봤다. 물론 사회라는 굴레 속에서 어떤 삶이 박수 받고 어떤 삶이 무시되고 질타 받는지 큰 범위에서는 정해져 있지만, 사람들은 지나치게 자신의 생각과 행동을 그저 '흘러가는 대세' 속에 매몰화 시키고 있다. 누군가에게 돈을 받고, 일을 하는 것에는 익숙하다. 당연스레 여긴다. 나이를 먹음에 따라 어느 조직에 속해야 성공한 인생이고 그곳에 속할 경로만 강조할 뿐 스스로 돈을 버는 방법은, 생산적인 가치를 만들어 내는 방법은 초등학교 시절부터 배워본 적이 없다.

어찌 보면 가장 중요한 생존 능력에 부합하는 것이 스스로 부가가치를 창출하고 살길을 모색하는 것인데, 어느 집단에만 소속되면 안정화 된 삶을 누릴 것이라는, 당연스럽다는 인식이 고착화 됐다. 아이러니한 것은 그렇게 조직이라는 집단에 소속되기 위해 피땀 흘려 취업준비를 해도 '퇴사', '퇴직'이라는 내리막은 생각보다 빨리 다가오고 점점 떠날 시기가 단축되고 있다는 것이다. 놀이공원에 입장을 하려는데 남은 표가 얼마 없어 겨우 구해냈고, 어렵게 매표소를 통과해 '이제 좀 놀아볼까' 하는 마음을 가지려는 찰나에 퇴장 사이렌이 울린다.

사회라는 틀의 관점에서 보면 결국 크게 두 가지로 삶의 유형을 나눠볼 수 있다. 한 가지는 이미 정해진 틀과 질서에 자신을 끌어 맞춰 살아가는 것이고, 나머지는 스스로 질서를 만들어가며 삶을 개척하는 방식이다. 둘의 방식에는 높고 낮음의 차이도, 정답이냐

오답이냐의 차이도, 무엇이 옳고 그른지 왈가왈부 할 의미도 없다.

각자 방식에서 나름의 보람을 느끼고 '살아있다'는 느낌을 가질 수 있다면 충분하다. 직장에서 신입사원부터 퇴직 때까지 소속감을 느끼며 자신의 역량을 최대한 발휘해 승진을 하고 살아남는 것은 대단한 일이다. 그럼에도 우리는 항상 누군가가 이미 만들어 놓은 세상에 순응해 살아가는 것에 익숙한 것은 어쩔 수 없는 노릇이다. 저자는 두 가지 삶을 모두 거쳤다. 직장생활에서 10년을 보내며 정해진 틀에서 악전고투 해봤다. 생각지 못했던 인사발령으로 이를 악물고 밑바닥부터 버티기도 했고 팀원들과 의기투합해 목표매출을 달성하기도 했다. 성향이 정말 맞지 않는 상사와의 트러블로 1주일 내내 소화불량에 고생하기도 했고, 1년에 한번 나올까 말까 한 인센티브에 쾌재를 부르기도 했다.

회사라는 조직에서 쓰고 달고 맵고 짠 맛을 모두 겪었다. 인생의 축소판인 조직에서 철저하게 연습하고 대비하고, 여러 경험을 두루 살피지 못했다면 지금의 행복감은 크게 와 닿지 않았을 것이다. 이제는 나만의 지식과 배움을 자본으로, 수익을 창출하며 하고 싶은 일을 하며 살아가다 보니, 직장에서 형성된 사람과 일에 대한 '스트레스 내성'이 혼자서도 살아갈 수 있는 '자생력'을 길러줬다는 것을 깨닫고 있다.

평일 아침이 되면 출근해야 하는 압박감에 심장이 두근거리고 스트레스를 겪는 직장인들이 많다. 하기 싫은 일을 억지로 하며 단지 월급을 담보로, 조직에 속하지 않으면 인생을 포기하는 것이며 살아갈 가치가 없다는 생각에, 가족을 위해, 누군가에게 멸시 받지 않기 위해 꾹 참고 살아간다. 자신이 '살아있다'는 느낌을 받는 직장인들은 많지 않다.

저자도 마찬가지였다. 하지만 직장에 다니며 수익화 모델을 테스트 한 후, 하고 싶은 일로 독립을 했을 때 그 성취감은 이루 말할 수 없었다. 큰 자본은 물론 사무실도 필요 없었다. 태블릿 PC 하나면 족했다. 굳이 한곳에 눌러 앉아 일을 할 필요도 없었다. 모든 공간이 사무실이고 실험실이며 놀이 공간이었다.

지식은 다른 쇼핑몰의 상품들처럼 부피도 없고 재고가 쌓일 염려도 없기에 공간을 차지할 이유도 없었다. 물론 모든 창업이 그렇지만 초반에는 안정적인 급여는 힘들 수 있다. 자신이 일을 하지 않고 놀러만 다니면 당연히 수입도 적어진다. 반대로 일에 대한 열정이 있다면 새벽까지도 재밌게 일을 할 수 있고 다음날 사우나에 가서 피곤을 풀고 다시 커피숍에 가서 컴퓨터를 켜는 것으로 업무를 시작할 수 있다.

하루 동안 직장인 시절의 두달치 월급을 벌기도 했고, 반대로 수개월 동안 수입이 전혀 없을 때도 있었다. 들쭉날쭉한 수익으로 고달플 것 같지만 '살아있다'는 느낌을 가질 수 있어 힘들기보다 앞으로의 미래가 기대되고 스스로의 가능성에 벅차올랐다.

돈보다 단지 저녁이 있는 삶을 지향했다. 써도 써도 남는 돈을 원하지도 않았고 앞으로도 그럴 것이다. 그 정도를 바라지 않는다. 다만 내가 하고 싶은 일을 하며 최소한의 생활비를 벌고자 했다. 하지만 자신이 좋아하는 일에 목숨 걸고 도전하면 생각보다 더 많은 수익을 따라오게 만들 수 있다. 주어진, 시켜서 하는 업무를 할 때와는 다르게 상상 못할 에너지가 쏟아진다. 도전의 여부다. 실행의 여부다. 같은 수준의 일만 반복 하면 항상 같은 것만 얻게 됨은 부인할 수 없다. 일을 할 때 가슴 설레고 콧노래가 나온다면 그 사람은 축복받은 인생을 사는 것과 같다. 거기에 더해 자신이 규정하고 질서를 만들고 다른 사람들을 초대하고 영향력을 끼치고, 메시지를 던질 수 있는 삶, 누군가 잘되게 도와주는 삶. 이것이 바로 지식창업이다.

PART 2. [확장편]
이젠 배움, 지식, 취미, 노하우가 돈이 되는 지식 창업이 답이다

chapter. 1

오프라인 창업의 덫, 이젠 빠져나올 때다

우리가 무슨 생각을 하느냐가 우리가 어떤 사람이 되는지를 결정한다.
– 오프라 윈프리 –

호화 레스토랑의 셰프 칼 캐스퍼는 레스토랑 오너에게 메뉴 결정권을 빼앗긴 후 유명 음식평론가의 혹평을 받자 홧김에 트위터로 욕설을 보낸다. 이들의 설전은 온라인 핫이슈로 번지고 칼은 레스토랑을 그만두기에 이른다. 아무것도 남지 않은 그는 쿠바 샌드위치 푸드 트럭에 도전, 그 동안 소원했던 아들과 미국 전역을 일주하게 된다. 영화 <아메리칸 셰프>를 보고 있자면 모든 것을 훌훌 털어버리고 트럭을 몰고 떠나고 싶은 직장인들이 많을 것이다. 하지만 현실적으로 보면 푸드 트럭도 엄연한 창업. 인건비, 식재료, 전국일주에 필요한 유류비로 적지 않은 금액이 들 것이다.

직장인들은 회사생활 연차가 지날수록 흔히 입에 달고 사는 말이 있다. "직장 그만두고 작게라도 내 가게를 차려볼까?" 이제 우리나라에서 '작게' 차릴 수 있는 점포 창업은 극히 소수라고 볼 수 있다. 특히 요즘 본사의 '갑질'로 문제가 많은 프랜차이즈 창업의 경우, 최소 비용이 20년차 직장인의 퇴직금을 한 번에 털어 넣어야 할 만큼 만만치 않은 금액이 되버렸다.

정말 장사 수완이 좋고 오프라인 창업에 대한 계획이 바로 서 있다면 문제가 덜어지겠지만 단지 '할 게 없어서', '할 줄 아는 게 없어서'라는 생각으로 시작했다가 낭패를 보는 경우가 많다. 돈만 있다면 쉽게 시작은 할 수 있지만, 생각보다 유지하고 수익을 내기란 어렵다. 오프라인 창업에는 많은 함정이 도사리고 있기 때문이다. 일단 수익과 지출 구조에 문제가 있다. 점포 창업은 절대적으로 '돈'이 자본이다. 돈의 '크기'에 따라 점포 평형 수가 달라지고 입지에 따라 비용이 천차만별이다. 비용을 줄이고자, 단지 가게를 차리는 것에 의의를 두고 다소 저렴한 비용으로 목이 그저 그런 곳에 점포를 내면, 버티지 못하는 경우가 많다.

버티지 못하는 이유는 매몰비용 때문이다. 점포창업은 '자본'이 먼저 투입된다. 지출부터 이루어지고 수입을 얻어내야 하는 구조다. 수입이 이루어지지 않으면 선 투자된 '자본'을 회수하는 기간이 길어진다. 매몰비용은 그대로 회수 되지 않고, 수입이 적으면 매몰 비용에 매달 지출되는 '고정 지출'이 합산된다. 고정 지출은 작게 잡더라도 인건비, 임대료, 관리비, 각종 부자재 비용이다. 사업이, 장사가 잘되든 되지 않든 인건비는 나가야 하고, 임대료도 내야 한다. 사업이 원활하지 않으면 입금 되지 않고 지출만 일어나는 통장을 속수무책으로 바라보며 빚이 쌓여가는 악순환이 거듭된다.

지식창업은 점포 창업과 다르게, 엄밀히 말하면 '지식 차이'가 절대 자본이다. 불특정 다수를 점포로 안내하고 수익을 창출해야 하는 오프라인 창업과는 다르게 지식창업은 지식을 필요로 하는 특정 대상이 고객이 된다. 고객 맞춤형 서비스로 다가갈 수 있어 '면대면' 내지는 '최적화' 서비스를 제공할 여력이 있다. 이 서비스는 공부에서, 배움에서 연습하고 끌어낼 수 있다. 이렇게 지식은 배움에서 비롯되므로 배움 자체가 자본이라 할 수 있다.

대학교에 편입하게 되면서 시험과목이었던 영어 공부를 열심히 했다. 학원 모의고사 성적이 좋게 나오는 바람에 우연히 편입학원 영어조교를 제안 받았고 누군가를 가르치는 입장이 됐다. 항상 누군가에게 가르침만 받다가 내 지식을 누군가에게 나누어 주는 것이 만족스러웠고 다른 아르바이트에 비해 수익성이 높았다. 무엇보다 학생 신분임에도 '지식 차이'를 활용해 자본 없이 수익을 내는 경험은 또 다른 '지식 차이 창업'의 분야를 찾게 만드는 원동력이 됐다. 자연스럽게 영어 과외로 이어졌고 지금도 간간이 아이들을 가르치고 있다. 누군가에게 지식을 전파하는 것이 내 스스로를 더 성장시킨다는 것을 확신 할 수 있었다.

영어 과외를 하면서 또 깨달은 것은 '지식 차이'를 활용하고 많은 사람을 만날수록 의도치 않았음에도 저절로 홍보가 됐다는 것이다. 점포 창업은 전단지를 만들어 적극적인 홍보를 해야 하지만 '지식 차이 창업'은 그 서비스에 만족한 고객이 또 다른 고객에게 소개를 하는 '입소문 효과'가 컸다. 어떠한 창업이든,

사업이든 서비스나 상품의 질에 진정으로 만족을 했을 때에만 생겨나는 것이 입소문이다. 이러한 구전효과로 인해 생각지 못했던 인맥은 늘어났고 급기야 나중에 책을 낸다는 소식을 들은 수년 전 고객들까지 응원의 메시지를 보내왔다.

우리 주위에는 알게 모르게 '지식 차이'와 '정보의 차이'로 자신의 인생을 꾸려나가는 사람들이 많다. 우리는 항상 누군가에게 정보를 얻기를 원하고 은연중 정보를 제공하고 있다. 너무나 당연스러워 인지하지 못할 뿐이다. 우리는 시장에서 건어물을 사더라도 오징어에 대한 정보를 주인으로부터 제공받기를 원한다. '오징어' 자체만을 얻기보다 국산인지, 유통기한은 언제까지인지, 어떻게 조리해 먹으면 맛있는지, 대량 구입하면 얼마에 줄 수 있는지 정보를 원한다. 가게 주인 또한 너무나 당연스럽게 자신의 지식과 정보를 소비자에게 나눠준다. 상품과 더불어 정보를 팔고 있는 것이다.

사실 누군가에게 자신만의 노하우를 알려주고 가르치고 영향을 주는 모든 직업군의 사람들은 지식창업자가 될 수 있다. 지금은 회사라는 조직에 속해 있어 스스로를 과소평가 하고 있을 뿐이다. 나 또한 어렸을 적 지독한 가난을 겪었고, 명확한 꿈도 없었다. 스펙도 대한민국 평균에 미치지 못할 만한 능력을 가진 사람이다. 그나마 모든 것에 대해 기획의 관점으로 세상을 바라보는 시야를 가지고, 관점을 변화시키며 스스로 부가가치를 꼭 만들겠다는 의지를 매일 잊지 않고 가슴에 새기고 다짐했을 뿐이다.

자신의 직무에서 지식창업의 아이디어는 무궁무진하게 만들어 낼 수 있다. 지금 회사에서 벌어들이는 소중한 월급의 일부는 자기계발이나 미래를 위한 대비의 몫이 되었으면 한다. 퇴직할 때 되어 한 번에 털어 넣는 창업은 리스크가 너무나 크다. 자본창업을 하더라도 철저한 사업계획을 세워서 임해야 한다. 지식창업에 매진할 생각이라면 이제부터 어떤 사소한 것이라도 배움의 관점에서 다가가야 한다. 시간을 할애해 어느 분야에서 '지식 차이'를 활용할 것인지 골똘히 생각해 볼 시간을 가져야 한다. 지식창업은 돈이 들지 않는 대신 자신의 생각과 관점의 변화는 필수 요소다. 내일 하루라도 항상 퇴근하던 길 대신 새로운 경로로 산책하며, 배움을 통해 지식을 만들어낼 분야를 곰곰이 생각할 시간을 확보하길 권한다.

chapter. 2

자신의 업무 지식 노하우는 생각보다 더 가치가 있다

> 희망차게 여행하는 것이 목적지에 도착하는 것보다 좋다.
> – 로버트 루이스 스티븐슨 –

1980년대 중반, 정신 자동성 연구 분야를 개척한 예일 대학교의 심리학 교수 존 바그는 다음과 같이 말했다. "우리는 항상 목표를 추구하고 동기를 제공받습니다. 모든 의식에 선행하는 차원의 일이죠. 그럴 때마다 우리 뇌는 현재의 에너지를 어디에 투입하면 좋을지 끊임없이 암시를 찾으려고 합니다. 우리는 암시로 가득 찬 바다를 헤엄치면서, 그런 암시에 계속 반응합니다. 하지만 바다 속의 물고기처럼 깨닫지 못할 뿐이죠."

우리는 직장생활이건 일상생활에서건 '동기부여'에 의해 자극을 받고 움직인다. 에너지 크기의 차이는 있지만 항상 무언가를 원하고 있다. 더 좋은 일자리, 더 넓은 보금자리, 더 예쁜 옷, 더 멋진 자동차를 마음속에 품고 살아간다. 현재 생활이 익숙하고 만족스럽다면 또 다른 일거리를 만들어낼 동기부여의 힘이 작용할 여지는 크지 않다. 그렇지 않고 현 상황을 타개하고 일어서기 위한 강력한 정신작용이 뇌 속에 충격을 주면 강한 열망과 집중력이 배가된다. 연료탱크와 엔진이 결합해 자동차가 속력을 내고 유지할 수 있는 것처럼 사람도 동기부여라는 점화장치가 제 역할을 할 때 잠재력이 폭발한다. 반대의 경우라면 쉽게 포기한다. 무엇을, 어디서부터 시작해야 할지 도통 모르겠고 방향설정이 더디다 보니 금세 현재의 상황으로 돌아와 안주하고 만족하고 내일 아침에 다시 후회를 반복한다.

심리적으로 시간에 대한 강박관념이 심했고 자존감이 낮았다. 사기를 당해 큰 돈을 잃으며 트라우마가 생겼고 실패에 대한 두려움으로 도전을 하지 못했다. 결국 많은 시간을 허비했던 때가 있었다. 공무원 시험에 실패했고 지식창업 이전 쇼핑몰 창업도 내리막길을 걸었다. 적성이 맞지 않아 첫 직장은 얼마 다니지도 못하고 그만뒀다. 손을 대고 하는 것마다 결과가 신통치 않았고 시간이 지나보니 손에 쥔 것이 별로 없었다. 남들은 넥타이를 매고 출근을 할 때 자괴감에 휩싸인 채 공원 벤치를 전전했다. 표준체중보다 말랐다가도 밤이 되면 폭식으로 살이 찌기를 반복했다. 남의 눈을 피해 숨어 살기도 했다. 몇 년의 시간을 앓다가 인생을 바꿔야겠다는 생각이 들었다.

다시 직장에 다니면서 인생에서 놓치고 있는 것이 무엇일까, 나중에 후회할 것이 무엇일까 곰곰이 생각했다. 대부분의 사람들은 나이가 들고 나서야, 퇴직하고 나서야 후회를 한다. '젊은 시절에 경험과 도전을 많이 해볼걸' 하고 말이다. 이러한 후회를 더 이상 하지 않기 위해 내가 현재 놓치고 있는 것, 미래에 나를 돌아봤을 때 후회할 만한 것들을 미리 손보기 시작했다.

직장생활 10여 년을 했는데 뒤돌아보니 공허감과 허무함이 밀려오는 것에 착안했고 내 인생과 업무경력을 녹일 책 집필을 목표로 삼았고 이뤄냈다. 3년 간 특별한 능력 없이도 맨손 하나로, 경험으로 해낼 수 있는 일이 무엇일까 고민했던 것들이 조금씩 결과물로 나오기 시작했다.

우연히 블로그에 올린 시간관리 다이어리를 보고 많은 문의가 왔다. 시간관리가 어려운데 도움을 줄 수 있느냐는 물음들이었다. 신기하면서도 의아스러웠다. 어떻게 보면 '시간관리'라는 것이 누구에게 배울만한 것이 아니라고 생각했기 때문이다. 너무나 당연스럽게 시간관리하는 모습을 내비쳤을 뿐인데 궁금증을 자아내고 도움을 필요로 하는 사람들의 모습이 낯설게 느껴졌다. 하지만 생각을 고쳐먹는 계기가 됐다. 내게는 익숙하지만, 사소한 것이지만 누군가에게는 필요로 하는 정보, 노하우가 될 수 있다는 것을 깨닫기 시작했다.

이때부터 의식적으로 부가가치를 창출할 수 있는 지식들을 찾아내려고 했다. 하지만 특별한 기술이 있는 것도 아니었고 어디서부터 시작해야 할지 막막했다. 하지만 출발점은 생각보다 가까이에 있었다.

'tabula rasa'는 글자가 씌어 있지 않은 서판, 백지상태, 순결한 마음을 뜻하는 라틴어다. 영국 사상가 존 로크는 첫 번째 저서 <인간오성론>에서 바로 이 'tubula rasa'의 원리를 들어 우리가 머릿속에 생각을 가지고 태어나는 것이 아니라고 주장했다. 정신은 비어있는 상태로 태어나고 지식은 '경험'에서 온다는 것이다. 로크의 주장은 프랑스 철학자 르네 데카르트를 포함한 당시의 이신론자들이 믿고 있던 '생득관념'(태어날 때 생각을 가지고 태어남)을 완전히 부정하는 것이었다. 로크는 인간의 문제에 대해 절대적인 대답이 있다는 것을 배격하고 답은 직접적인 실험을 통하여 찾을 수 있다고 주장했다. 그를 '경험주의(expiricism)의 아버지'라고 부르는 이유가 여기에 있었다. 결국 그는 경험주의를 온몸으로 보여줬다. 그는 생전에 시사평론가, 경제학자, 공무원, 외교관 등 많은 직업을 거쳐 경험을 쌓았다. 경험만이 어떤 것을 배우고 이루기 위한 중요 수단이라고 생각했기 때문이다.

기존 경험과 배움을 토대로 많은 직업을 동시에 갖게 됐다. 책을 쓰는 작가, 비즈니스 글쓰기/책쓰기 강사, 신문사 칼럼니스트, 두뇌게임 콘텐츠 개발자, 시간관리 강사, 콘텐츠 기획자, 이직/퇴직 컨설턴트, 지식창업 강사, 보드게임 강사, 심리 컨설턴트, 영어 독해, 독서논술 강사 등이다. 이러한 일을 할 수 있었던 최초의 탄탄한 기반은 내 '업무'였다.

다년간 갈고 닦았던 기획업무가 다른 대외활동들의 초석이 될 수 있었다. '항상 막막하게 내가 회사 밖에서 무엇을 할 수 있을까'만 궁금해 하며 연신 찾아다녔지만 등잔불 밑이 어둡듯이 익숙한 업무경험을 간과하고 있었다.

직장인들은 10년 가까이 한 업무에 종사했다면 전문가와 같다. 그럼에도 스스로 자신의 경험과 업무를 과소평가하는 경향이 있다. 너무나 익숙한 업무이기에 누가 내 경험을 필요로 할까 하겠지만 조금 더 다듬고 부가가치를 활용할 곳을 찾아내 테스트하고 적용해본다면 지식으로 가공해낼 수 있다. 직장에 다니면서 프리랜서의 가능성을 테스트하기 위해 기획업무를 활용했다. 내가 가진 아이디어와 기획력을 사들일 곳을 의식적으로 노크했다. 출판사에 콘텐츠 제안을 하고 투자를 이끌어 냈다. 신생 기획사를 찾아내 수익 모델을 제시하고 로열티를 얻어 냈다. 쇼핑몰 경험을 살려 1인 쇼핑몰 업자들을 대상으로 프로세스를 확립시켜 주는 대신 자문 비용을 받았다. 실패도 많았지만 시도가 많아지고 도전이 쌓일수록 내 경험과 현재 업무에 대한 가능성과 소중함을 느낄 수 있었다.

프랑스 조각가 오귀스트 로댕은 '경험을 현명하게 이용한다면 시간낭비란 없다'라고 말했고 영국 작가 조지 버나드 쇼는 다음과 같이 말했다. "사람들은 자신이 가져보지 못한 것의 가치만을 강조한다. 사람들이 진실성과 이타성을 숭앙하는 이유도 그걸 가져본 적이 없기 때문이다."

말만 하지 않을 뿐이지 사람들은 이미 당신을, 당신의 업무 경험을, 전문가로 전문영역으로 여기고 있다. 정작 스스로는 다른 영역, 다른 전문가의 그것만을 하염없이 바라보고 있다. 다른 사람의 손에 쥔 것만 대단하게 여긴다. 지식 창업은 '무엇을 찾아야 할까'도 중요하지만 '내가 가진 것으로 무엇을 할 수 있을까'라는 생각도 중요하다. 지금 하고 있는 일을 더 소중히 여기고 이미 스스로 부가가치를 만들 수 있는 영역의 전문가라는 것을 잊지 않았으면 한다.

chapter. 3

취미가 없으면 만들고 익숙해지면
상품화 하라

웃음은 마음의 조깅이다.
−노먼 커즌즈−

재미로 즐겨하는 일, 취미를 수익화 하는 사람들이 늘고 있다. 과거에 해마다 제품 가격이 상승해, 쓰다가 중고로 되팔아도 돈을 벌 수 있었던 '샤테크(샤넬+재테크)', 단통법 시행 이전 보조금으로 낮은 가격에 휴대폰을 산 다음 의무사용기간이 지나면 되팔아 차익을 남겼던 '폰테크(폰+재테크)'의 연장선상이라고 할 수 있다.

돈이 되는 취미생활용품의 공통점은 한정판으로 출시돼 희소성이 크거나, 오래될수록 맛과 가격 등 가치가 올라간다는 점을 들 수 있다. 신발 수집가들 사이에선 나이키 '에어조던'이, 키덜트 용품 마니아들 사이에선 레고 사의 완구 시리즈가 주요 재테크 수단으로 활용되는데, 두 제품 모두 한정판으로 출시되는 점을 활용한다.

돈 버는 술로는 맥캘란 '라리끄' 시리즈를 들 수 있다. '맥캘란'은 지난 수년 동안 2년에 한 번씩 프랑스 크리스탈 브랜드 '라리끄'와 합작해 한정판 위스키를 내놓았는데 출시 후 1~2년이 지나면

15% 이상의 프리미엄이 붙었다. 얼마전에는 '라리끄 6'가 출시돼 국내외 애주가들의 뜨거운 관심을 받았다. 국내에는 단 10병이 들어왔고 병당 가격이 4,000만원이 넘는 고가임에도 바로 팔려나갔다. 이 상품은 최근 홍콩에서 진행된 '소더비 자선 경매'에서 6개의 시리즈가 약 10억원에 낙찰돼 화제를 모은 바 있다.

취미를 상품화한다는 것은 단순히 즐기기도 하면서, 사람들의 수요가 있는 곳에 관심을 가지고 있었다는 의미다. 물론 단순 취미나 관심사에서 벗어나 수익화 상품으로 만들려면 노력도 필요하다. 자신이 관심이 가는 분야의 현재 시장현황을 눈여겨보고 트렌드를 읽는 눈이 필요하다. 취미까지 스트레스를 받으면서 수익화를 꾀할 필요는 없다. 누군가에게 강매를 할 필요도 없고 할 수도 없는 분야다. 누군가 가치를 느끼고 수요가 있다면 도전해볼 뿐이다. 역시나 취미의 수익화도 '지식 차이' 창업의 한 분야에 속하므로 생각의 발상, 전환, 가치창출을 위한 의식 변화는 필요하다.

몇 년 전 케이블채널에서 두뇌게임 포맷으로 연예인과 일반인이 섞여 겨루는 프로그램이 인기를 끌었다. 시즌제로 인기를 거듭했고 비슷한 형태의 포맷이 아직까지도 명맥을 유지하고 있다. 저자 또한 애청자였고 회가 거듭될수록 많은 생각이 들었다. '나와 같은 일반인들도 저런 프로그램에 참여하고 싶은 생각이 들지 않을까', '방송에는 유명하고 제한적인 사람들만 참여할 수 있으니 직접 사람들에게 참여할 수 있는 포맷을 제공해볼까?'

직장에 다니며 보드게임 강사로 일을 했었다. 취미 중 하나인 보드게임 덕분에 아이들이나 어르신들과 재미난 시간을 보낼 수 있었다. 보드게임은 우리나라에서는 어린이들이나 하는 게임으로 여겨지고 선입견이 다소 있지만, 유럽에서는 남녀노소 모든 계층에서 대중적이면서도 고급취미로 여겨지며 각광받고 있다. 큰 범위에서 바둑, 장기, 체스도 모두 보드게임의 범주에 속할 만큼 디지털 시대에 역행하는 아날로그 특유의 매력으로 여러 나라에서 취미로 자리매김하고 있다.

TV에서 펼쳐지는 두뇌게임을 보며 즐겨하던 보드게임과의 연관성과 아이디어를 정리했다. TV 프로그램의 포맷에 취미인 보드게임을 결합시키고 응용해 새로운 규칙을 만들어냈다. 일반인들이 즐길 수 있는 포맷으로 재탄생시켰다. 제작한 게임 포맷을 인터넷 카페에 올렸더니 게임대회를 열어달라는 요청이 빗발쳤다. TV시청만 하며 대리만족을 하던 사람들의 '직접 참여해보고 싶다'라는 생각에 불을 지핀 것이다. 처음 몇몇 대회는 사비로 진행을 했다. 처음부터 수익화를 꾀하고 싶지 않았고 사람들과 부담 없이 즐기고 싶었다. 참여자 수가 늘어나면서 더 이상 사비로는 장소대관도 버거운 지경에 이르렀다. 마이너스

행진이었다. 재능기부도 취지는 좋지만 이대로는 대회 운영이 힘들었다. 그 이후부터는 참가자들에게 참가비의 10%는 개발비 및 수익으로 쓰겠다는 공지를 띄웠다. 참가자들은 오히려 게임개발과 진행에 관한 수고에 대해 인정하며 당연하다는 반응을 보였고 나 또한 더욱 즐겁게 대회를 열 수 있었다. 현재는 오프라인 게임카페에 추리게임을 개발해 제공하고 그에 대한 로열티를 받고 있다. 게임포맷을 기획하는 과정은 스트레스가 없고 좋아하는 분야이기에 생각하는 재미가 있다. 즐기면서도 그에 대한 대가도 받는 지식 아이디어 창업의 전형이라고 볼 수 있다.

자신이 좋아하는 분야의 취미를 분석해 볼 필요가 있다. 이 취미를 확장시키고 응용하면 더 많은 사람들과 '가치'를 나눌 수 있다. 취미를 둘러싼 사람들의 '욕구'가 무엇인지 파악해 보는 것이다. 수요가 있고 원하는 바가 있으면 당신이 만든 '가치'를 돈을 주고 구매할 것이다. 단순히 '상품' 자체를 판매하기는 쉽지 않다. 그 상품이 가진 '가치'를 팔아야 한다.

저자가 판매한 것은 '게임' 자체가 아니라 방송에 출연하지 않고도 게임을 즐길 수 있는 '포맷'을 제공한 것이고 참여 욕구에 대해 '해결책'을 판매한 것이다. 게임에 참여하고 싶었던 사람들은 결국 저자가 제시한 솔루션을 마음에서 우러나와 기꺼이 대가를 지불하고 구매한 것이다.

취미가 없는 사람은 찾아내서 만드는 것도 좋다. 동호회에 참여하고 여러 분야를 경험해 보면서 자신이 즐겁고 흥미를 느끼는 것을 찾아내는 것이다. 겪어 보기 전에는 자신이 무엇을 좋아하는지 정확히 짚어낼 수 없다. 취미로 돈을 벌기 위해서는 자신이 우선 즐겨야 한다. 두뇌게임 프로그램을 싫어했다면 수익화는 불가능 했을 것이다. 매번 머리를 짜내는 것에 고통을 느끼면 그만뒀을 것이다. 지식창업의 요지는 지식을 양산할 때 괴롭지 않고 누군가 나로 인해 즐거워하는 것을 상상하고 뿌듯함을 느껴야 한다는 것이다. 특히 취미를 개량해 누군가에게 가치로 제공할 때는 더욱 이 부분이 중요하다. 자신이 즐기지 못하고 수익만 꾀한다면 단순 '일'이 된다. 큰 수익을 꾀할 필요도 없다. 취미 자체의 즐거움에 용돈 가량의 벌이만 되어도 그 만족감은 어떤 작업보다 클 수 밖에 없다.

취미, 이미 가지고 있고 상품화 가치가 있다면 아이디어를 짜내고 발상의 전환에 시간을 투자하면 된다. 없다면 의식적으로 찾아내고 단순히 즐기면 된다. 즐기면서 천천히 주위를 둘러보며 어떤 '가치'와 '수요'를 만들어낼 수 있는지 생각의 크기를 키워나가면 될 것이다.

chapter. 4

지식노하우가 상품이 되면 순수익이 극대화 된다

자신이 될 수 있는 존재가 되길 희망하는 것이 삶의 목적이다.
– 신시아 오지크 –

'빛'은 여러 신화 속에 상징적 요소로 자리 잡고 있다. 신화에서 '빛'은 세상의 창조와 생명의 잉태, 시작을 의미한다. 신라 박혁거세(朴赫居世)와 고구려의 동명성왕(東明聖王)의 이야기에서 빛은 생명의 잉태를 의미한다. 하백(河伯)의 딸 유화(柳花)에게 햇빛을 내리 쬐게 하여 잉태하게 하고, 박혁거세가 태어날 때는 빛과 같은 이상한 기운이 땅에 비쳤다. 서양에서도 빛은 천지개벽, 신의 출현, 어둠을 걷어내는 힘, 어리석음에 대한 계도의 의미를 가진다. '빛'이란 말은 문화의 발전과 더불어 그 의미가 다양하게 변했다. 기본적 의미인 '광'(光)을 나타내는 말에는 '별빛, 불빛, 눈빛, 햇빛' 같은 말이 있다.

우리말에는 '빛'이 '색(色)'을 의미하는 경우도 있다. "빛 좋은 개살구"란 속담에 보이는 '빛'도 색을 나타냈다. 이는 겉으로는 맛깔스러운 빛깔을 띠고 있으나 속을 들여다보면 맛이 없는 개살구라는 뜻으로, 겉모양은 그럴듯하나 실속이 없음을 의미한다. 흔히 실속 없는 사람과 실속 없는 상태를 빗대 사용되고는 한다.

창업과 관련 '실속 없다'라는 표현은 창업자에게 가슴 아프게 다가온다. 단지 표현에서 끝나지 않고 현실이 되고 있어 문제다. 한 신문기사에 실린 편의점 프랜차이즈의 점주 인터뷰는 사회적 문제로 불거지기도 했다. 5천만원의 월매출에도 불구하고 실제 손에 쥐는 순수익은 100만원 안팎이라는 것이었다. 모든 프랜차이즈 점주가 어려움을 겪는 것은 아니지만 영세한 점주들이 많은 것은 현실이다. 누군가의 아버지가, 어머니가, 형이 흔히 겪고 있는 상황이다. 사실 수익구조를 보면 이러한 아픈 현실이 발생할 수 밖에 없는 모양새다.

돈을 벌어들이는 정상적인 수익 구조는 사실 명확하다. 지출 대비 수입이 높아야 한다. 수입이 일정치 않아도 고정비가 적다면 사업을 이끌어갈 수 있다. 하지만 수익이 불안정함에도 고정비용이 높다면 매달 고정비를 상회하는 돈을 벌어들여야 한다. 일단 프랜차이즈 창업은 고정비용이 많이 든다. 인건비를 줄이고자 직원을 고용하지 않으면 주인 혼자서 24시간을 버티기가 힘들다. 사업은 어떻게 수익률을 높일지 창의적인 생각을 해야 하는 생산적인 업무임에도, 영세한 자영업자들은 현실의 고통 속에서 '어떻게 지출을 줄일 수 있을까'에만 몰두하고 있다.

90년대 사회 시간에 배웠던 정말 '교과서적인' 내용이 어렴풋하게 기억이 난다. 점차 노동집약적 산업은 인건비가 저렴한 동남아 국가 등으로 넘어가고 자본집약적 산업을 육성해야 한다는 내용이었다. 그런데 수십 년이 훨씬 지난 지금, 대부분의 창업자들은 오히려 '노동 집약적'인 산업에 발을 들이고 있다. 진입 문턱이 낮고 초보자도 쉽게 운영할 수 있기 때문이다. 개인의 창의성이 중요한 지식산업 시대임에도 자신의 능력을 넘어선 '거대자본'을 가지고 노동집약적 산업에 투자하고 있다. 투자는 '자본 집약적'인데 정작 일은 '노동 집약적'인 모순된 상황에 온몸을 던지고 있는 것이다. 사실 대부분의 영세 창업자에게 투자는 '자본 집약적'이라기 보다 삶을 건 '인생 집약적'이라는 표현이 더 와 닿을 것이다.

이에 대한 대안으로 쏟아져 나오는 것이 '무자본' 창업이라는 허울이다. 이제 이러한 문구에 현혹되는 사람들도 적어지고는 있다. 절대 투자 없이 수익은 생겨날 수 없다. 유형이든 무형이든 인풋이 있어야 아웃풋이 나오는 것은 확실하다. 지식창업도 엄밀히 말하면 '무자본' 창업이 아니다. '배움'과 '지식쌓기', '시장파악', '고객파악', '창의성 배양', '마케팅' 등 소정의 비용과 무형의 노력이 동반되어야 한다. 그럼에도 지식창업은 수입과 지출의 간극을, 괴리감을 줄일 수 있다는 데 몇 가지 장점이 있는 것은 자명하다.

첫 번째, 목돈으로 선 투자를 하지 않는다.

창업자금으로 지출한 목돈을 회수할 때까지, 본전을 찾을 때까지 버티는 것이 아니라 바로 활동을 시작할 수 있다. 지식을 판매할 투자처, 고객을 찾는다면 내일부터라도 부가가치를 창출할 수 있다. 창업자금으로 목돈이 묶여 있으면 운신의 폭이 좁아진다. 매몰 자본이 크면 다른 생산적인 곳에 추가 투자할 여력이 없어지고, 당장 눈에 보이는, 스트레스 쌓이는 '지출 현금 흐름'에만 온 정신이 쏠릴 수 밖에 없다. 지식 기반 사업은 소정의 비용을 여러 곳에 분산 투자해 지식과 수익의 총량을 극대화 시킨다. 수익콘텐츠를 기획하고 투자처를 찾고 칼럼을 기고하고 집필을 하며 강연을 하는 등 분산 노력을 통해 목돈 없이 수익을 직접 만들어 낼 수 있다.

두 번째, 고정 비용이 적다.

하는 것마다 실패를 거듭해 생활고를 겪은 기간이 꽤 있었다. 오래된 옷을 뒤지다가 일전에 넣어둔 지폐 몇 장이라도 나오면 기분이 좋을 정도였다. 노트북도 10년 가까이 쓴 기종이어서 들고 다닐 수 없는 크기였다. 지금이야 자그마한 태블릿 PC로 모든 업무를 보고 있지만 어려울 당시에는 PC방 요금 3천원도 고민하며 지불했다. 휴대폰 요금도 감당하기에 너무 많이 나와 와이파이 켜진 곳만 찾아다녔다. 공공도서관으로 발걸음을 옮겨야 했고 예약한 PC좌석이 그날만큼은, 그 시간만큼은 전용

사무실 공간이었다. 지식창업자들은 컴퓨터가 켜지는 곳이 바로 사무실이자 콘텐츠 생산 공장과 같기 때문에 비용과 장소의 제약이 적은 편이다.

셋째, 순수익이 높은 편이다.

단순히 순수익 금액이 높은 것이 아니다. 시간과 노력 투자 대비 수입이 높은 구조로 나타날 수 있다. 자신이 좋아하는 분야라면 더욱 그렇다. 소요시간 대비 생산 콘텐츠의 수익성은 직장에서 일할 때의 생산 대비 효율과는 반대되게 흘러간다. 직장에서는 8시간에서 10시간 집중하고 그 공간을 지켜야만, 월급의 30분의 1 가량 되는 돈이 그날 일당으로 책정된다. 지식기반 사업은 투자 시간을 스스로 압축하거나 연장할 수 있다. 더 많은 수익을 내고자 하면 시간을 투자하고 휴식을 취하고 싶다면 컴퓨터 자판에서 손을 내릴 수 있다.

'사탕붕어의 겅둥겅둥이라'는 표현은 붕어와 관련된 속담이다. '사탕붕어'의 의미는 속이 텅 비고 가볍거나 변변치 못한 사람을 비유한다. '겅둥겅둥'이란 긴 다리로 계속 채신없이 이리 저리 뛰는 모양을 뜻한다. 몸에 일전 한 푼 없이 겉만 그럴듯한 사람을 지칭하거나 그러한 상황을 나타낸다. 어떤 사업이든 높고 낮음 없이, 자신의 역량으로 반전시킬 수 있고 운, 아이디어, 인맥, 트렌드 등 복합변수가 많아 무엇이 옳고 그른지, 맞는 방향인지

속단할 수는 없다. 하지만 자신의 배움과 투자가 자본이 되는 시스템을 활용한다면 더 이상 매몰된 투자비용에 밤잠 못 이루는 일은 줄어들 것이다. 사탕붕어처럼 위태한 삶을 살아가기 전에 하루 하루 자신에게 투자하고, 배움의 날을 점차 늘려갔으면 하는 바람이다.

chapter. 5

지식상품의 실패는 있어도 지식사업의
실패는 없다

꺼지지 않을 불길로 타올라라.
— 루이사 시게아 —

전 세계 'KFC' 매장 앞에서 볼 수 있는, 하얀 양복과 나비넥타이를 맨 백발의 노인. 66세에 파산해 전 재산이 겨우 11만원이었던 커넬 샌더스는 모든 사람들이 마지막이라고 생각했던 그때, 황혼기에 접어든 노신사라고는 믿기지 않는 패기와 열정으로 인생을 건 승부수를 띄웠다. 전국 음식점을 돌며 수없이 제안을 했고 거절을 당했지만, 1009번째 시도 만에 성공 스토리를 썼다. 끝이 없는 좌절과 실패를 딛고 세계 정상의 치킨 프랜차이즈를 만든 그의 성공 이야기는 실패에 전전긍긍하지 않는 마음의 내성을 키우기에 적합했다.

글로벌 치킨 프랜차이즈 'KFC'를 창업한 커넬 샌더스의 인생 스토리를 담은 책 <켄터키 할아버지 커넬 샌더스의 1008번의 실패, 1009번째의 성공>은 실패에 대한 생각을 바꾸는 계기가 됐다.

슬럼프, 독서법 등 자기계발 관련 강의를 하고 직장인 대상 퇴직공부법, 글쓰기, 심리치유 컨설팅을 하면서 수많은 사람을 만났다. 특히 심리컨설팅을 진행하며 '실패'를 기준으로 내가 만났던 사람들을 두 가지 부류로 나눌 수 있었다.

첫 번째, 실패에 매몰되어 있는 사람들

잦은 실패는 사람을 위축되게 만들고 자존감을 무너뜨린다. 수년전 쇼핑몰 사업, 각종 시험에 실패한 과거에 대한 트라우마가 심했다. 3년, 5년전 실패한 기억, 경험이 현재의 나를 옥죄었고 미래를 바라보기보다 실패의 그림자가 또 언제 덮쳐올까 두려웠으며 과거에만 집중했다. 마음의 상처가 심했을 때는 버스에 타면 하차 벨을 누르지 못할 정도로 남의 이목에 신경을 썼고, 사람들이 내리고 나서야 텅 빈 정류장에 하차해 집으로 걸어가고는 했다. 이 부류에 속한 사람은 실패를 할수록 도전의 절대 질량이 줄어든다. 현실을 타개할 수 없을 것 같은 트라우마의 무게감이 사람을 무기력하게 만든다. 그저 침대에 눕고만 싶고 '그때 그 일만 없었다면', '그때 그러지 말았어야 했는데' 라는 자기 한탄의 시간을 보내느라 지금 문 뒤로 지나가는 또 다른 기회를 놓치고 있다.

두 번째, 똑똑하게 실패를 하는 사람들

똑똑한데 실패를 할 수 있을까? 머리가 똑똑함을 운운할 것이 아니라 실패를 대하는 자세의 문제라고 할 수 있다. 사실 실패에서 무언가를 배우고 가치를 끄집어내는 것은 어려운 일이다. 흔히 실패에서 가르침을 받고 앞으로의 원동력으로 삼아야 한다고 하지만 지금 당장 주저앉고 싶은데 별로 와 닿지 않는 말일 수 있다. 이러한 마음은 가지지 못하더라도 최소한 실패의 늪에 너무 머물러 있지 않고 다른 시도로 푹 패여 버린 시름의 웅덩이를 채워나가야 한다는 점이 중요하다. 이 유형에 속한 사람은 상대적으로 평정심을 유지할 줄 안다. 상황에 따라 천국과 지옥을 오가는 마음의 양 극단을 매번 경험하지 않고, 자신이 지금 '당장 할 일', '할 수 있는 일', '해야만 할 일'을 이미 계획하고 나아갈 채비를 갖추고 있다.

한 번의 실패로 재기불능에 가까운 파산선고를 맞는 사업가들이 많다. 예전에는 TV에서나 보던 차압 딱지가 온 집안을 도배하는 풍경이 이제 전혀 낯선 모습은 아니다. 철저한 계획을 세웠음에도, 불굴의 의지를 지녔음에도 실패를 하는 사람이 더 많다. 여러 가지 정황을 따져가며 최선의 노력을 해도 생각지 못한 곳에서 역풍을 맞을 수 있다. 그럼에도 지식창업에 있어서는 '실패'의 개념을 조금 달리 생각해볼 필요가 있다는 것이다.

지식을 기반으로 하는 사업, 특히 1인 창업에 초점을 맞춘다면 실패 확률을 낮출 수 있는 방법이 있기 때문이다. 이 글을 읽는 여러분은, 갑작스레 〈한국의 젊은 부자들〉에 나오는 수백억대 자산가처럼 되려는 목적을 가진 것은 아닐 것이다. 단지 직장생활

동안 월급 외 부수입을 얻기 위해 자신의 능력을 시험해보거나, 조직을 떠나도 경제적으로 궁핍하지 않고 시간을 자유자재로 조율하면서 저녁이 있는 삶을 유지할 정도의 여유를 얻고 싶은 것이 아닐까.

다음 내용은 지식사업을 진행하고 있는 사업가들에 대해 연구하고 정리한 내용이다. 지식창업에서의 실패개념을 2가지로 달리 생각해 볼 수 있을 것이다.

첫 번째, 지식창업은 고객맞춤형 다품종 무재고 생산체제다

온라인 쇼핑몰 홈페이지에 들어가 보면 우리의 선택을 기다리고 있는 상품들이 많다. 보통 쇼핑몰은 메인 상품이 있고 곁가지 상품들이 있다. 모든 상품에 대해 똑같은 상품의 수량을 만들어낼수록 팔리지 않는다면 재고부담이 가중될 수 밖에 없다. 쉽게 말해 선택받지 못한 상품은 원가, 생산비를 그대로 품고 사장되는 것이다. 마이너스 매출이다. 지식상품은 재고가 없다. 시간과 공부에 투자만 한다면 다품종 생산체제로 돌입할 수 있다. 내 상품을 구입해달라며 마냥 기다리는 것이 아니라 문제에 휩싸여 있는 고객을 찾아내 도움을 주는 것이다. 어제의 고객과 오늘의 고객이 다를 수 있다. 이전에 쌓았던 지식을 변환해 적용할 수 있다. 신상품을 양산하기 위해 생산 금형을 바꿔야 하는 제조업과는 생산 공정 자체가 다르다. 공부를 통해 양산한 지식은 누군가 굳이 사지 않아도 자신의 양분이 되고 재고로 남아 마이너스 매출이 잡히는 일이 없다.

두 번째, 지식상품의 실패는 있어도 지식창업 자체의 실패는 없다

거대 자본을 투입한 사업이나 영화산업의 경우 상품이, 영화가 고객의 외면을 받으면 투자 대비 손실이 크다. 자본의 크기에 따라 사업의 근간이 흔들릴 수 있다. 지식창업은 해당 상품에 대한 고객의 수요가 적어졌을 때 방향 선회가 용이하다. 기업의 상명하달 보고체계에 걸리는 시간과는 비교할 수 없는 신속한 대응이 가능하다. 저자도 게임콘텐츠를 기획할 때 반응이 미비할 때면 요즘의 트렌드를 반영해 다시 꾸리고는 한다. 일례로 <문제적 남자들>이라는 프로그램이 유행할 때는 퀴즈 형식으로 콘텐츠를 기획해 반응을 이끌어냈고, 반응이 시들자 <크라임씬> 형식의 추리물로 방향을 선회했다. 상사에게 보고하거나 장시간의 회의를 통해 검수를 받을 필요도 없이 빠른 시간 내에 지식을 만들어냈다. <문제적 남자들>이 다시 유행을 탄다면 이전의 게임 틀을 수정해 지식을 기획할 수 있기에 지식 자체가 사라지는 것도 아니다. 이렇듯 지식창업은 수요를 면밀히 체크하고 기획하고 대응한다면 상품의 대체는 있을지언정 사업의 실패 리스크는 적을 수 밖에 없는 것이다.

모든 사업, 창업이 그렇듯 100% '꽃길'은 없다. 작든 크든

함정이 있고 복병이 도사리고 있다. 어떤 일이 일어날지 한치 앞을 모르기 때문이다. 결국 직장을 벗어날수록, 혼자 힘으로 헤쳐 나갈수록 확률게임의 연속이다. 살아남을 확률을 높이기 위해 얼마나 노력하느냐는 매우 중요하다. 얼마나 리스크를 낮출 수 있을 것인가? 사업의 한계점은 어느 정도인가? 지속성과 방향선회의 순환이 얼마나 이루어질 수 있는가? 위험은 도사리지만 철저히 준비하는 사람에게는 더 이상 막연하기만 한 질문이 아닐 것이다.

chapter. 6

아이디어는 숙성시키고 지식은 확장시킬수록 가치가 높아진다

우리에게는 존재하지 않는 것들을 꿈꿀 수 있는 사람들이 필요하다.
– 존 F. 케네디 –

진돗개를 모델로 내세워 소비자들의 감성을 적셨던 '세진컴퓨터랜드'의 광고영상과 음악의 여운이 지금까지도 기억에 남는다. 역사의 뒤안길로 사라진 '세진컴퓨터랜드'에서 첫 컴퓨터를 구입했다. 학창시절 새벽에 하이텔, 나우누리, 천리안 등 PC통신에 한번 접속하려고 하면 넘어서야 할 과제가 있었다. '띠띠띠띠~' 고요한 새벽을 깨우는 접속음이 최대 장애물이었다. 인터넷 전용선이 설치되기 전이라 모뎀을 이용해 접속해야 했다.

컴퓨터 본체에서 흘러나오는 모뎀의 처절한 '꿍음'이 혹시나 가족들을 깨울까봐, 그 당시 최고의 주가를 올리던 KOEI의 전략게임 <삼국지5>에 마치 공부하듯 열중하는 모습을 들킬까봐 노심초사했다.

PC통신 시절에는 텍스트로 이루어진 '머드게임'을 한 번 하기 위해서는 많은 인고의 시간을 보내야 했다. 한 줄 한 줄 이어지는 스토리에 맞게 'YES', 혹은 'NO'로 대답을 해가며 더디게 진행을 해야 했다. 함께 접속한 사람이 화장실에라도 가게 되면 엄청난 야유가 터져나왔고 전체 게임진행에 영향을 끼쳤다. 게임 속도 뿐 아니라 그 당시에는 원하는 정보를 찾는 것도 쉽지는 않았다. 지금처럼 인터넷 기사가 활성화 되지 않아 온라인에서도 '발품'을 팔아야 했기 때문이다.

이제는 내가 정보를 찾는 것이 아니라 정보가 나를 찾아오는 시대에 살고 있다. 하이퍼링크 검색엔진은 우리 모니터에 무한한 정보를 지닌 사진, 소리, 동영상을 제공한다. 유튜브를 클릭하면 하단에 즐겨보던 동영상과 유사한 자료들이 나열돼 클릭해주길 바라고 있다. 정보의 천국에 살고 있다. '찾기'보다 '선택'의 시대에 살아간다.

직장생활을 한창 할 때 퇴근을 하면 손가락 하나 까딱하기 싫은 날이 있었다. 반사적으로 컴퓨터 전원을 켜고 인터넷에 접속해 별다른 생각 없이 기사를 클릭하고 댓글을 읽고 하이퍼링크를 타고 목적 없는 항해를 시작했다. 내일 펼쳐지는 똑같은 일상을 부정하려는 듯 마우스 클릭은 기계적으로 계속됐다. 새벽 1~2시가 돼서야 아쉬운 마음으로 컴퓨터를 끄고 침대에 몸을 던질 때 공허함과 허무함이 종종 찾아왔다. 점점 생각하는 힘이 없어지고 만들어진 '틀'에서 떨어져 나가지 않을 만큼만 '딱' 사고하고 있었다. 언제 허물어질지 모를 울타리 속에서 먼저 튕겨나가지 않을 만큼만 '딱' 노력하고 있는 자신을 봤기 때문이다.

세상은 '생각하는 사람들'의 사고와 의지가 반영된 결과물로 상당 부분 이루어진다. 에디슨의 생각이, 라이트형제의 시도가, 퀴리부인의 실험정신이, 세종대왕의 연구 업적이, 스티브 잡스의 아이디어가 시간과 공간을 초월해 모습만 바뀌어 아직까지 이어지고 있다. 바꿔 말하면 '생각을 가진 사람들'이 움직임의 반동 크기를 떠나, 작은 균열이든 큰 파동이든 세상을 움직이고 있다는 것이다. 역사적으로 그랬고 현재진행중이며 미래도 마찬가지일 것이다. 자유 의지로 세상을 움직이는 것과 그들이 만든 울타리에서 안도의 한숨만을 내쉬며 생각하는 힘을 잃어버리고 절제하며, 절제당하며 살아가는 것은 차이가 있다.

울타리에 속할 생각만 하지 않고 울타리를 만들어낼 힘을 기르고 생각하는 습관을 길러본다면 어떤 변화가 찾아올까?

익숙한 조각상 <생각하는 사람>은 로댕의 대표작으로 지옥에 몸을 내던지기 전, 삶과 운명에 대해 심각하게 고민하고 있는 인간의 내면을 긴장감과 사실성으로 표현한 작품이다. 로댕 전기를 쓴 라이너 마리아 릴케는 이 작품에 대해 다음과 같이 말하고 있다.

"그는 조용히 생각에 잠긴 채 앉아 있다. 그는 인간의 모든 힘을 기울여 사유에 집중하고 있다. 그의 온몸이 머리가 되었고, 생각이 되었고, 그의 혈관에 흐르는 피가 뇌가 되었다"

확실히 사진을 통해서나마 <생각하는 사람>의 동상을 찬찬히 살펴보면 온몸의 근육이 잘 표현돼 있고 고뇌의 깊이가 느껴진다. 생각하는 힘이 느껴진다. 근육의 크기에서는 강한 힘이 느껴지지만, 턱을 괴고 생각하는 형상에서는 집중력의 힘을 느낄 수가 있다. 자세히 보면, 전체 형태가 앉아 있는 모습이다 보니 웅크린 덩어리 형태로 응집돼 보인다. 더 형태가 강하게 보이고 있다. 근육의 흐름을 팽팽한 긴장감으로 묘사하고 있으며 빈틈없이 잘 짜여진 해부학적인 표현이 돋보인다.

'생각'은 <생각하는 사람>이 자신의 운명에 고뇌 섞인 물음을 던지고 답을 해가는 과정을 온몸으로 표현한 것처럼, 지식창업자에게는 '지식'을 양산하는 생산공정과 같다. 자신이 어떤 분야의 지식을 쌓을 것인지 알아내기 위한 정신적 행동의 첫 단추다.

누구나 연극을 보고, 책을 읽고, 미술전시, 콘서트, 박람회를 구경하고 감상하며 즐거움을 얻는다. 그럼에도 '내가 왜 이것을 보면서 즐거울까'라는 생각보다는 으레 그러려니 하고 넘기는 경우가 대부분이다. 들여다보면 그러한 즐거움은 절대 저절로 생겨난 것이 아니다. 결국 '아이디어'라는 생각을 키워내 시각화하고 감각화 해서 현실로 만들어낸 누군가의 '결과물'인 것이다. 이러한 사람들은 '생각'을 통해 실패는 할 수 있을지언정 어쨌든 시도하고 결국 이뤄내 세상에 '즐거움'이라는 자극을 주고 있다. 또 자극을 주는 것에 그치지 않고 피드백을 받으며 동기부여를 얻고 점점 뻗어나갈 에너지를 얻고 있다. 이러한 사고의 전환이 순환되어 수많은 지식이 양산되고 서비스가 창출되고 있다. 이 '생각의 대열'에, '아이디어 발상'을 위한 '생각 집합소'에 여러분이 함께 뛰어들었으면 한다.

생각을 통해 아이디어를 지식으로 바꾸고 가치를 창출하고 영향을 주고받으며 살아가는 삶은 자신의 인생과 동떨어진 일이 아니다. 너무나 익숙해져버린 일상에 신선한 자극을 주는 것으로부터 시작할 수 있다. 출근, 퇴근, 집으로 이어지는 똑같은 일상이더라도, 마음먹기에 따라 가보지 않은 새로운 퇴근길을 걸으며 생각을 하고 가치를 창출할 수 있다.

보드게임을 즐겨 하는 7살 조카의 모습에서, 즐겨 보던 예능 TV프로그램에서, 경포대에 놀러가던 관광버스 창문 밖 풍경에서, 자주 가던 식당의 교체된 간판 문구에서, 심지어 친구가 보내온 유머 관련 카카오톡 메시지에서 아이디어를 얻어 지식콘텐츠를 만들어 낼 수 있었다. 지금 당장 새로운 것을 만들어내기 어렵다면, 결국 자신이 속한 세상에서 답을 구해야 한다. 답을 구하는 것은 질문에서 시작할 수 밖에 없다. 직장생활을 할수록, 단편화된 일상에 매몰될수록 굳어지는 머리속에 심어진 느낌표를 유연한 물음표로 바꾸는 것이 필요하다.

'전혀 없는 것인가'와 '보지 못한 것인가' 두 가지 물음의 차이에 답할 수 있는 사람이 지식창업자가 될 수 있다. 자동차를 몰고

가다보면 사이드미러의 사각지대에 놓여 보이지 않던 차량이 불쑥 튀어나오는 경우가 있다. 우리가 의식하는 정형화된 세계에서는 우리가 볼 수 있는 시야, 관점의 한계가 있다. 은연중 보이지 않는 것에는 가치를 부여하지 않다가 눈으로 확인하고 나서야, 누군가 만들어 놓고 들이밀 경우에만 '아차'하는 심정으로 바라본다. 의식적으로 보이는 현상에 대해 뒤집고 까보고 적용해보는 습관이 필요하다. 이 습관은 하루 아침에 형성되지 않지만 반대로 언제든 시작할 수 있다. 시도만 한다면 바로 오늘이 되고 내일이 될 수 있다.

chapter. 7

위기를 극복하면 그 자체로
지식상품이 된다

불가능해 보이는 것은 불확실한 가능성보다 항상 더 낫다.
– 아리스토텔레스 –

한 부유한 아테네 사람이 다른 여행자들과 함께 배를 타고 항해 중이었다. 갑자기 태풍이 불어 닥쳐 배가 전복되고 사람들은 바다 속으로 떠밀렸다. 다른 승객들은 헤엄을 치고 목숨을 부지해 보려고 온 힘을 다했다. 그런데 유독 아테나 사람만은 계속 여신 아테나의 가호만을 빌면서 자신을 구해주면 공물을 무제한으로 바치겠다고 맹세했다. 함께 조난을 당한 승객들 중 한 사람이 보다 못해 그의 옆으로 헤엄쳐 가서 말했다. "아테나 여신에게 가호를 구하는 것도 좋습니다만, 우선 당장 당신의 양쪽 팔도 허우적거려 보라고요!" 이솝우화속 <난파된 사나이>가 던지는 메시지는 프랑스 철학자 알랭이 말했던 것과 같다.

"걱정 없는 인생을 바라지 말고 걱정에 물들지 않는 연습을 하라."

인생을 살아가면서 자신에게 역경의 바람이 불어 닥치길

바라는 사람은 없을 것이다. 굳이 억지로 바라지 않아도, 생각지 않은 고난은 뜻하지 않게 찾아오니까 말이다. 인생의 위기를 극복해 돌파구로 전환시킨 사례들은 익히 알려져 있다. 못생긴 외모로 놀림을 받았기에 <미운오리새끼>를 구상할 수 있었고, 가난했기에 <성냥팔이 소녀>를 세상에 내놓을 수 있었다고 회고한 동화 작가 안데르센. 자신의 아이에게 읽어 주고 싶은 동화책을 살 돈이 없어 직접 원고를 집필해 베스트셀러 작가가 된 <해리포터>의 조앤 롤링. 이제 이들은 고난을 기회로 만들어간 사람들의 표본이 됐다. 지식창업자로 살아갈 마음으로 주위를 둘러보면 이러한 세계적인 유명인들 외에도 주위 사람들의 사례를 찾아 볼 수 있다.

행복메신저로 살아가고 있는 한 테라피스트는 가족의 사고사로 쇼크를 받고 일상 대화가 불가능한 사람이었다. 몇 년간은 언어치료를 받았지만 꾸준히 재활 훈련을 해 커뮤니케이션 강사로 거듭났다. 심각한 요통으로 학창시절부터 고통스러웠던 한 회사원은 자신의 치료 경험을 토대로 책을 집필하고 연구한 끝에 지압 마사지 노하우 공유 사업을 시작했다.

지식창업은 무조건 남들보다 월등하고 높은 수준의 지식이어야만 가치를 인정받는 것이 아니다. 수요가 있고 사람들에 대해 진정성을 가지고 자신의 경험을 나누어 줄 수 있다면 소소하게 발걸음을 떼 나갈 수 있다. 자신이 불행하다는 것을 받아들이기만 하는 마음과 어떻게든 현실을 타개하고 이 경험을 다른 가치로 전환할 수 있는지 방법을 모색하는 것에는 큰 차이가 있다. 지식창업자의 '자산이 되느냐', '그저 고통으로 남느냐'의 문제다.

세미나, 강연장, 모임에서 인생이, 회사생활이 힘든 직장인들을 많이 만났다. 내가 엘리트코스를 밟았다거나 업무에서 뛰어난 성과를 낸 그들을 만났던 것이 아니다. 책 속에 녹여진 경험과 메시지를 독자들이 공감했기 때문이었다. 특히 직장인들을 만나서 이야기를 나누어봐야겠다는 결심이 서게 된 문자 한통이 기억난다. 공황장애 때문에 사회생활이 불가능 할 정도인데 생계를 위해 직장생활을 할 수 밖에 없다는 20대 후반의 회사원이었다. 이 문자를 받았을 때 가슴이 '쿵' 주저앉는 기분이 들었다. 말은 하고 싶은데, 갑자기 숨이 쉬어지지 않는 고통을 겪어봐서 어떤 기분인지 누구보다 잘 알고 있었다. 만나서 이야기를 해보고 싶은 생각이 들었다. 일면식도 없는 내게 도움의 요청을 준 것 자체가 고마웠기도 했다.

아픈 경험을 숨기거나 움츠러 들지 않고 오히려 사람의 심리에 관심이 많아져 관련 자격증을 취득하고 재능기부와 컨설팅도 진행하게 되었다. 고통과 고난을 방치하면 글자 그대로 '고통', '고난'의 힘을 발휘한다. 반대로 고통과 고난을 경험과 지식으로 전환시키면 자신과 타인을 도울 수 있는 것이다.

- 실행한 것 중에 성공이 없었다

- 무대공포증이 있다
- 안면 홍조증이 있다
- 50명 중 꼴찌에서 두 번째다
- 거액의 빚이 있다
- 전 재산을 잃었다
- 음치다
- 운동을 못 한다
- 피부가 좋지 않다
- 말주변이 없다
- 성격이 급하다
- 영어점수가 낮다
- 회피 장애가 있다
- 생각이 너무 많다
- 실천력이 떨어진다
- 난독증이 있다

극히 일부만 나열했지만 여러분이 이러한 콤플렉스나 역경을
겪고 있거나 헤쳐 나왔다면 메시지를 만들어낼 자격은 충분하다.
어차피 일어난 일이고, 과거로 돌아가서 고칠 수 없는 상황이라면,
지금 내가 가진 것을 가지고 무엇을 할 수 있는지에 몰두하는 것이
생산적이다. 평소에 자신이 생각하는 콤플렉스도 생각의 전환에
따라 누군가에게 도움을 전할 메시지로 전환해 낼 수 있다. '좋은

것'만 '좋은 것'이라는 흔한 발상을 떨쳐내는 것이다.

심리학, 경제학, 간호학, 사회병리학, 커뮤니케이션학 등 다양한 분야에서 연구되는 한 개념이 있다. 극복력, 탄성, 탄력성, 회복력 등으로 번역되기도 하는 '회복탄력성'이다. 회복탄력성은 많은 고난과, 시련, 실패를 오히려 디딤돌 삼아 더 높이 뛰어 오르는 마음의 탄력성을 의미한다.

사물마다 탄성이 다르듯이 사람도 탄성이 다르다. 시련으로 인해 바닥을 치더라도 강한 회복탄력성으로 재기의 발판을 마련하는 사람들은 대부분의 경우 처음 위치보다 더 높은 곳까지 올라 갈 수 있다. 이 경험이 당시에는 아프게 했겠지만 지식창업자에게는 돈을 주고도 살 수 없는 살아있는 메시지인 것이다.

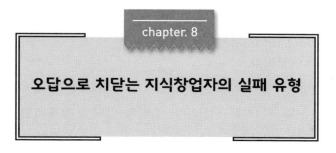

chapter. 8

오답으로 치닫는 지식창업자의 실패 유형

절망은 마약이다. 절망은 생각을 무관심으로 잠재울 뿐이다.
– 찰리 채플린 –

"할 수 있는 놈이 노력하지 않는 걸 보면 멱살이라도
잡고서 '당장 나랑 바꿔!'라고 말하고 싶어진다."

– 23세에 백혈병으로 사망한 유유키 군이 생전에 남긴 말 –

삶에 대한 강력한 메시지를 얻은 책 <내일이 내 생에 마지막
날이라면>에 삽입된 문구다. 가끔 슬럼프에 빠질 때 여러 명언과
좋은 글귀들을 마음속에 채워 넣고 동기부여를 한다.

우리는 나이가 들고 어떤 계기를 통해 아쉬움을 깨닫게 되면
생각한다. '이걸 놓치다니', '다시 그때로 돌아가고 싶다', '다시
한번 기회가 주어진다면...' 하지만 흘러간 세월은 다시 반복되지
않는다. 누구나 알고 있는 사실이지만, 최선을 다하지 않은 삶에
안타까움을 표한다. 특히 직장을 벗어나 홀로 인생을 만들어가는
사람들은 '가장 강력한 적'에 대항할 준비를 해야 한다. 수천 번,
수만 번 거울을 통해 바라봐도 실체를 속속들이 알 수 없는 바로

'자신'이다. 제일 먼저 넘어야 할 산이고, 끝까지 긴장을 놓치지 말아야할 대상이다.

직장생활을 하다가 개인사업을 하게 되면 가장 먼저 주어지는 것이 '자유'다. 시간에 대한 자유, 수입이 많다면 경제적인 자유도 만들어 간다. 하지만 누구나 알고 있듯이 자유에는 책임이 따른다. 그것도 현실적이고 무거운 책임이다. 자신의 삶을 일구기 위해, 지식사업가의 삶을 걷기로 했다면 '자기관리'의 함정에 빠지지 않도록 조심해야 한다. 그렇다면 지식창업자들에게 대체 어떤 문제점들이 도사리고 있는 걸까?

첫 번째, 움직이지 않는 지식창업자는 가내수공업자나 마찬가지다

하루, 이틀 사이 직장인 월급의 몇 배에 달하는 수익을 얻는 사람들도 많다. 하지만 직장 월급처럼 고정급여가 있는 것은 아니기에, 자신이 벌어들이지 못하면 단 한푼도 수익이 생기지 않는다. 사무실은 필요 없지만 사무실이 있다 가정하고 정기적으로 일할 장소를 마련하지 않으면, 갑작스러운 자유에 시간을 통제하지 못한다. 아침에 해가 중천에 떠도 아무도 자신을 깨워주지 않는다. 스스로의 몫으로 감당할 것들이 많다. 아무도 관여하지 않는 자기관리의 싸움에서 지면 절대 사업을 이어나갈 수 없다. 전혀 개의치 않고 시간을 낭비하는 습관이 생길 수 있다. 결국 외부로 움직이지 않으면 배움은 수익화 하지 못하고 자신의 머릿속에서만 맴도는 지식으로 남게 된다.

두 번째, 자신이 쓰러지면 1인기업 자체가 부도상태에 이른다

1인 지식창업자는 올라운드 플레이어가 되어야 한다. 초기에는 마케팅, 집필, 강연, 컨설팅, 코칭 모두 혼자 힘으로 해낼 수 있어야 한다. 수익이 많고 직원을 두게 되더라도 모든 일에 관여하고 해낼 능력은 기본적으로 갖춰야 한다. 음식점 사장이 조리 능력이 없고 주방장에만 의존하는 구조는 위험성이 크듯이 모든 방면에 공부로 다가서고 배움으로 끝맺음 지어야 한다. 5일 일하고 2일 쉬는 구조가 아닌, 쉬고 싶을 때 쉴 수 있는 상황이지만 일이 밀려 들어올 때는 주7일을 일해야 한다. 체력관리는 선택이 아니라 필수다. 일주일 열심히 일해 많은 수입을 얻었더라도 1주일 간 앓아 누워버리면 별 의미가 없다.

세 번째, 배움에 인색한 사람, 응용만 하는 습관

지식창업의 근간이 되는 배움에 목말라 하지 않는 사람은 더 이상 발전하지 못하는, 답보상태에 이르게 된다. 대중을 만나는 강연가라면 더 문제가 심각하다. 지금까지의 관성에 의해 배운 것만을 응용한다면 결국 밑천은 드러나게 되어 있다. 지식창업자에게 누군가에게 전달할 지식의 밑천이 드러난다는 것은 치명적이다. 항상 트렌드에 반응하고 눈여겨보고 테스트하고 적용해 보는 삶이 일체화 되어야 지식창업자의 삶을 누릴 수 있다.

네 번째, 작은 것에 만족하지 않는 사람

처음부터 대단한 것을 기대하고 묵묵히 매진하지 못하는 경우, 조급함에 무너질 수 있다. 모든 일에는 '임계점'이 있다. 물이 끓기 위해서는 적정선에 도달해야 함에도 끓기 직전에 노력을 멈추는 경우가 많다. 골짜기만 넘으면 쉴 수 있는 평지가 나오는데 골짜기 직전에 포기하고 만다. 유형의 소비재를 판매하는 형태가 아니기 때문에 임계점이 눈에 잘 보이지 않을 수도 있다. 하지만 공부 자체가 자신의 인생에 변화를 준다는 생각으로 묵묵히 임한다면 임계점은 생각보다 빠르게 다가올 수 있다. 작게 시작해 크게 키울 생각을 하는 것이 낫다. 처음부터 큰 기대로 시작해 점점 작아지는 사람이 되어서는 오래 버틸 수가 없다. 독자의 메일에, 수강생의 간단한 감사 문자에도 고마움을 표현하고 자신의 성장 원동력으로 삼을 수 있는 마음가짐이 필요하다.

다섯 번째, 모든 일에는 진정성이 기본이다

지식창업은 엄밀히 지식서비스 사업이다. 유형의 서비스를 건네고 고장이 나면 기계적으로 애프터 서비스를 해주는 개념과는 다르다. 상대방이 원하는 메시지를 처음부터 정확하고 의미있게 전달하는 것이 중요하다. 한사람의 인생에 영향을 줄 수도 있는 민감한 부분도 많기 때문에 무엇보다 진정성이 중요하고 잘되기를 바라는 마음이 앞서야 한다. 그리고 누군가에게 이러한 영향을 주고 있다는 것 자체에 감흥하고 즐거워하고 보람을 느껴야 일을 지속할 수 있다. 때로는 사비로

그 사람을 도와줄 마음이 생길 경우도 많다. 수익보다 베풀기에 연연하면 엄밀히 사업가로서는 마이너스 요소지만 사람을 잃으면 사업도 잃는다는 것을 인지해야 한다. 결국 상대방이 잘되는 것이 내게도 선한 영향을 끼치는 것이기에 서비스 전에 진정성을 전달할 준비를 갖춰야 한다.

하고 싶은 일을 하고, 보기 싫은 사람을 보지 않고, 일어나고 싶을 때 일어나고, 남들이 직장에 매여 있을 때 여행을 다니고, 시간에 구애받지 않는 삶을 살아가더라도 최소한의 노력과 자기관리가 이루어지지 않으면 한낱 꿈으로 끝나버릴 수 있다.

영국 작가 토마스 풀러는 다음과 같이 말했다.

"행복은 잃고 나서야 비로소 그 가치를 안다"

현재의 삶에 너무나 무뎌져 지식창업자로 살아가는 기쁨도 잊어버릴 수 있다. 어떤 삶을 영위하든지 자신이 현재 누리는 것을 유지하기 위해, 더 발전해 가기 위해, 현재 자신이 '놓치고 있는 것'이 무엇일까, '놓칠 우려가 있는 것'이 무엇일까 곰곰이 되짚어 보는 시간을 가졌으면 한다.

PART 3. [콘텐츠편]

이젠 자신만의 콘텐츠를 만들어 내는
사람이 갑이다

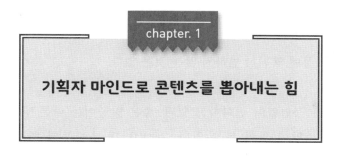

chapter. 1

기획자 마인드로 콘텐츠를 뽑아내는 힘

만족은 결과가 아니라 과정에서 온다.
– 제임스 딘 –

수년 전, 수십 년 전에는 생각도 못했던 것들이 현재는 당연시 되거나, 반대로 '그런 시절이 있었나?'라고 되물을 정도로 기억 속 저편으로 사라진 것들이 많다. 지금은 편의점이나 마트에서 고개만 돌려도 페트병에 담긴 여러 가지 생수를 쉽게 볼 수 있다. 불과 20여 년 전에는 '물을 사먹는다'는 개념은 상상할 수 없었다. 그저 보리차를 끓여 마시거나 정수기를 이용했을 뿐이다. 생수가 처음 출시됐을 때 사람들은 신기함에 페트병을 이리저리 쳐다봤지만 '원래 그랬던 것처럼' 익숙해진 지금은 일반 음료처럼 당연한 구매 대상이 됐다.

한 시대의 아이콘처럼 여겨졌던 공중전화 박스는 역사의 뒤안길로 사라지고 일부 지역에서만 고대 유물처럼 안쓰럽게 자리를 지키고 있다. 전화를 몇 통 하고 돈이 남으면, 뒷사람을 위해 배려심 있게 수화기를 끊지 않고 양보하던 사람들의 모습이 기억에 남는다.

'이 세상에 영원히 변하지 않는 것은 없다'

세상은 끊임없이 변화하고 있다. 좋은 방향이든 나쁜 방향이든 변화의 씨앗에 싹이 트고 있다. 2000년대 초반부터 영원할 것 같았던 싸이월드의 '미니홈피' 열풍은 기억 속에서 사라진지 오래고 휴대폰 문자서비스를 유명무실하게 만든 카카오톡의 선전은 사람들의 일상 속에 확고하게 자리 잡았다. 이 모든 시작과 끝, 변화와 종말, 전환과 변환, 대체와 결합의 이면에는 새로운 '기획'이라는 공통 분모가 있었다.

지식창업자로 살아가는 사람들은 확고한 '기획자 마인드'를 가지고 살아간다. 이 세상에 없는 지식서비스, 새로운 콘셉트의 지식서비스, 하이브리드 지식서비스를 제공하고 있다. 다른 전문 직무에 비해 기획은 누구나 할 수 있지만 누구나 '잘'하기는 힘들다. 기획은 스킬을 연마하기보다 관점을 달리하고 세상을 새롭게, 다른 각도에서 바라보는 시각과 경험의 결합이 중요하다. 다음에서 설명할 브랜드가 어떻게 확고한 자리를 잡았고 대중에게 어필할 수 있었는지 가늠해 보면 '기획자의 관점'을 이해할 수 있을 것이다.

바비인형이 처음 기획됐을 때 장난감업계의 반응은 싸늘했다.

어린 소녀들이 성인 모습의 형태로 만들어진 인형을 가지고 노는 것에 반감을 샀던 것이다. 하지만 바비인형 제조사 '마텔'의 창업주 루스 핸들러는 관점을 달리했다. '인형을 가지고 노는 아이가 인형을 가지고 놀면서 성인이 된 모습을 상상할 수 있다'는 생각을 확고히 했다. 바비 인형은 출시 첫해 25만개 이상의 판매고를 올렸고 그 해 최고 히트 상품이 됐다. 이에 멈추지 않고 딸 '바바라'에게 남자친구가 있었으면 하는 바람이 남자친구 인형을 추가 제작하는 아이디어로 이어졌다. 이 기획은 이후 패밀리 완구 세트의 전형이 됐다. 어른의 시각으로 바비는 단순 인형이었지만 아이에게는 '가족'이라는 관점을 만들어냈다.

'잘 논다'라는 의미를 가진 덴마크어 '레그 고트', 이제 플라스틱 벽돌로 시작한 장난감 회사, '레고'를 지칭하는 단어가 됐다. 목수였던 올레 커크 크리스티안센은 기존 장난감의 한가지 모습에 싫증을 느끼는 아이들을 보고 '결합, 분해, 조합'이라는 키워드를 선점했다. 기존의 것들을 비튼 기획 관점이었다. 고리타분한 일상 배경을 넘어서 중세, 우주, 바다 등 여러 테마를 입혀 시리즈물로 제작된 레고는 어른들을 위한 장난감으로도 유명세를 탔다.

2차대전 당시 어니 라빈스와 버튼 배스킨은 전쟁 중에 만나 의기투합했다. 병사들을 위해 아이스크림을 제공하겠다는 생각이 사업으로 이어졌고 그들의 이름을 따 '베스킨라빈스'를 탄생시켰다. 31일, 한달 내내 새로움과 맛, 재미를 선사하겠다는 슬로건은 기존 단일품종을 고수하던 다과 업계의 관점을 일시에 깨뜨려 버렸다.

바비인형은 어른의 관점을 아이들에게 맞췄고, 레고는 기존 장난감에 대한 고정관념을 깨뜨렸다. 베스킨라빈스는 기존 업계보다 생각의 발상으로 우위를 점했다. 이 세상 모든 브랜드, 지식서비스는 우연보다는 필연으로 기획되었다. 이렇게 기획은 기존의 방식을 두드려 보고 깨보고 뒤집고 결합시키고 분해하는 생각의 힘이다. 무에서 유를 창조할 수 있고 기존 것에서 탈피해 새로운 옷을 입혀볼 수도 있다. 무형, 유형의 서비스를 넘어서 자신만의 브랜드를 만들고자 하는 지식창업자에게 꼭 필요한 마인드인 것이다. 더 세부적으로 살펴보면 다음과 같은 '기획자 마인드'를 항상 지니고 있으면 기회를 만들어낼 수 있을 것이다.

첫 번째, 기존 틀 밖에서 보는 습관을 기른다.
어렸을 적 '달고나'를 파는 가게에 가보면 여러 가지 모양의 '찍개'가 있었다. 별, 달, 물고기, 별자리, 사람 등 자신이 정한 틀로 달고나 모양을 변형할 수 있었다. 별의 틀로 세상을 바라보면 별모양으로 보일 것이고, 달의 틀로 세상을 관찰하면 달의 형태로만 보일 것이다. 하지만 틀에서 비껴나 틀 밖에서 세상을 바라볼 필요도 있다. 지금 정해져 있는 관습들이나 일상생활에서 질문을 해볼 수 있다. 길을 가다가 아주 사소한 일상에 물음표를 던져보는 것이다. 누군가는 컵에 반쯤 찬 물을 보고 '물이 반밖에 없네'라고 할 것이며 또 누군가는 '물이 반이나 있네'라는 생각을 한다는 점이다.

두 번째, 기획은 계획과 다르다

What to do와 How to do의 개념을 명확히 깨우치면 기획자 마인드를 갖출 수 있다. What to do는 '무엇을 할 것인가'로 기획에 해당한다. 어떤 지식서비스를 구상하고 내세울 것인지 고민하는 단계라고 할 수 있다. 기존 것들을 결합하고 조합하고 만들어내며 때로는 없애고 새로 창조한다. 저자는 기획서나 보고서에 골머리를 앓는 사람들을 위해 초보 기획수업을 진행하고 있고 비즈니스 글쓰기 수업을 진행 중이다. 수업에서 항상 사람들이 무엇을 원하는지 생각하고 그것을 만들어내는 습관을 강조한다.

How to do는 계획에 해당한다. 기획으로 구상이 잡힌 것들을 실행하는 단계이다. 기획으로 다듬어진 교육 커리큘럼, 인터뷰 진행, 장소섭외, 피드백 방법들을 실행하고 보완을 하는 구체적 활동이라 할 수 있다. 기획과 계획은 때로는 명확히 구분되고 익숙해지면 경계가 허물어지기도 한다. 어떠한 기획을 어떻게 계획으로 실마리를 풀어갈지 항상 머릿속에 그려보는 연습이 필요하다.

세 번째, 처한 환경에 매몰되지 않는다

'나는 직장인이니까', '나는 기획자가 아니니까'라는 마음을 지양하고 기획 마인드는 어떠한 업무를 하든 필요하다는 것을 인지한다. 지금까지 만들어진 세상에 자신의 생각을 덧입힐 수 있는 생각의 추진력이다. 작은 생각의 씨앗이 우연한 기회로 발아할 수 있다. 오늘 10분 남짓한 기획 연습이 1인 지식창업자의 발판이 될 수 있다. 대부분의 지식창업자들은 '작은 것'에서 시작했음을 잊지 않았으면 한다.

기획은 살아가는 힘이다. 지식창업자가 아니어도 자신의 미래에 보탬이 될 수 있는 습관이다. 오랜 기간 직장생활을 하며 기획자의 삶을 살았고 모든 사물에 의식적으로 '기획력'을 적용한다. 지식창업자들은 '기획력'을 가지고 현재진행형의 삶을 살며 앞으로도 그럴 것이다. 가장 두려운 것은 '생각이 멈추는 것'이다. 생각이 멈추면 변화도 없고 지금 가진 것을 영원히 유지하기도 힘들어진다. 실제 기획자가 아니어도 기획자의 마음으로 살아갈 이유는 명확하다. 자신의 삶을 이끄는 것이 '기획력'이기 때문이다.

chapter. 2

지식창업자는 1인 콘텐츠 크리에이터다

과거에서 교훈을 얻을 수는 있어도 과거 속에 살 수는 없다.
— 린든 B. 존슨 —

'인플루언서', 점점 익숙한 단어로 자리를 잡고 있다. 전통적인 연예인, 스타마케팅을 앞세운 브랜드 전략에서 탈피해 막강한 팬덤을 가진 '개인'이 대중에게 영향력을 과시하고 있다.

인플루언서, 이들의 공통점은 특정한 이미지 콘셉트를 가지고 있거나 콘텐츠를 만들어낼 줄 아는 능력을 지니고 있다는 것이다. 이전까지는 생산과 소비라는 이분법화 된 구도로 콘텐츠 생산자와 소비자가 만났지만 점점 그 경계는 허물어지고 있다.

인플루언서는 곧 '콘텐츠 크리에이터'이다. TV를 통해 광고나, 여러 매체에서 내보내는 콘텐츠를 소비하기에 바빴던 소비자들이 직접 생산자로 탈바꿈했다. 콘텐츠를 가진 사람이 군중을 휘어잡는 영향력을 지니며 스스로의 입지, 위치, 신분을 180도 바꿔나가고 있다. 누군가에게 어필할 콘텐츠를 가진 사람이 자신만의 영력을 구축하고 있는 것이다.

모델 켄달 제너, 지지 하디드, 카라 델레바인은 페이스북,

인스타그램을 통해 자신의 일상을 공개하며 많은 팔로워를 얻었다. 이들은 소셜 채널에 업로드 하는 게시물 1개당 한화 1억원 상당의 수익을 얻고 있다. 국내에서도 유튜브, 1인 미디어를 통해 많은 크리에이터가 등장했으며 점차 주가를 올리고 있다. 거기에 더해 종합적인 기획사 시스템을 도입한 MCN(Multi Channel Network)까지 출범했다. 이 MCN은 기존 연예기획사처럼 1인크리에이터들의 발굴, 육성, 마케팅까지 지원하며 인플루언서들의 영향력을 점점 확대시키고 있다.

'무엇인가 만들어낸다', '자신만의 콘텐츠를 기획한다'는 것은 지식창업자에게는 필수적인 능력이다. 단순히 없는 것을 만들어 내고 만족할 것이 아니라 대중이 매력을 느낄 수 있는 콘텐츠를 만들어내는 것이 중요하다. 특히 자신의 미래를 걱정하는 직장인들에게 '콘텐츠 생산'은 심도 있게 고민해볼 필요가 있는 영역이다. 직장에서 하는 업무는 단편적인 경우가 많다. 특히 분업이 특화된 대기업의 경우 더욱 그렇다. 자신의 직무를 5년, 10년 이상 하다보면 특화된 전문가가 될 수도 있지만 대부분 은퇴와 함께 직무경험을 살리지 못하는 경우가 많다. 직장에 다니면서 자신만의 브랜드를, 콘텐츠를 찾지 못하고 만들어내지 못했기 때문에 퇴직할 때 쯤 '뭘 해서 먹고살까' 머리를 쥐어짠다.

직장에서 주어진 업무에만 매몰되지 않고 다른 영역과 접목하고 새로운 시도를 할때 콘텐츠를 만드는 힘을 길러낼 수 있다. 오늘 부여받은 5개의 업무 중 4개를 완성했다는 기계적인 만족감에 취하기보다 또 다른 4개의 분야에 도전해, 콘텐츠를 개발해냈다는 성취감을 느껴보는 것이다.

　우연찮게 취미를 통해서도 콘텐츠를 직접 만들어내고 있다. 조카와 보드게임을 하면서 항상 누군가가 만들어놓은 게임만 해야 할까 의문이 갔다. 직접 만들어 시중에 유통시키면 어떨까 도전의 의지를 불태웠다. 철저한 '문과 마인드'로 평생을 살아온 저자는 포토샵, 3D툴 등은 일절 배워 본적이 없다. 그럼에도 내 콘텐츠를 만들어내겠다는 생각은 배움으로 이어졌고 배움은 곧 지식이 됐다. 지식은 수익이 되어 돌아왔다. 수익창출이 단지 일을 통해서가 아닌 즐거움과 배움, 지식을 통해 창출됐다. 인터넷에 떠돌아다니는 강의를 통해 프로그램 기능들을 섭렵해나갔다. 굳이 돈을 들일 필요도 없었다. 온 천지의 정보가 배움의 원천이었다. 누가 시켜서 하는 공부가 아닌 정말 원해서 도전했기에 착착 진행됐다. 결국 크라우드 펀딩을 통해 콘텐츠에 대한 후원을 이끌어낼 수 있었다.

　이 일을 계기로 평범한 직장인도, 일반인도 기업이 할 수 있는 일을 해낼 수 있다는 자신감이 생겼고 강의를 통해 지식콘텐츠 기획의 중요성에 대해 전파하고 있다. 잘하는 것이라고는 회사에서 주어진 업무에만 충실히 해냈던 사람의 의식이 바뀌게 됐다. 직장에서 10시간 이상을 보내는 것이 회사원의 '귀감'이라 여겨 자랑스럽게 생각했고, 주 6일 출근으로 몸이 망가져도 '내 할 것은 해냈다'라는 만족감에만 휩싸여 있었다.

　가족을 위해 모든 것을 포기하고 일에만 전념하신 아버지의 뒷모습이 든든하기는 했지만, 일을 하고 싶어도 마땅한 일자리가 없어 전전긍긍 하시는 퇴직 후의 삶을 보고 있자니 마음이 애잔해졌다. 직장인이 짊어질 정해진 운명의 굴레가 아쉽지만, 전쟁터 같은 직장에서, 사회생활에서 고군분투하는 모든 사람들이 대단하게 느껴진 것은 부인할 수 없다. 하지만 한편으로 점차 사람의 가치는 그 장소를 지켜야만 인정받는 것이 아니라, '노동시간'에 비례하는 것이 아니라, 자신이 만들어내는 콘텐츠에도 있음을 깨달았다. 또한 시간이 지날수록 돈은 누군가에게 받는 것이 아니라, 받는 것에 익숙해지는 것이 아니라, 스스로 만들어 낼 줄도 알아야 한다는 개념도 점점 명확해졌다.

　이 세상은 점점 영원한 생산자도 없고 영원한 소비자도 없는 상태로 흘러가고 있다. 인스타그램에서 막강한 영향력을 행사하는 사람도 생선가게에 가서 광어를 사고, 놀이공원에 가서 재미를 담보로 기꺼이 지불을 하며 콘서트장에 가서는 참가비용을 낸다. 그럼에도 만년 소비자로 살아가는 사람들은 꾸준히 제자리 걸음을 하고 있다. 현실에 안주하고 만족한다면 소비자의 삶도 의미가 있다. 생산자만 있는 세상은 있을 수 없기 때문이다. 그럼에도 즐거움을 담보로 새벽까지 인터넷서핑이나 TV콘텐츠를 소비하고 한 순간의 웃음만을 지으며, 내일 다시 회사로 복귀해 얼굴을 잔뜩 찌푸린채 '자리 보전'을 위한 전쟁을 치른다. 시간이 지나고 손을 펴봤을 때 자신의 이름 이외에 남겨진 것이 없음을 한탄한다.

　시각을 새로이 하면 우리 주위의 모든 것들이 콘텐츠의 재료가 될 수 있다. 여러분은 지금 당장 막대한 자본을 들여 거대 기업을 세우는 것이 목표가 아니다. 수백억 자산가가 되려는 목적이 아니다. 단지 누구에게도, 어느 조직에 속하지 않더라도 혼자 살아갈 수 있는 힘을 만들기 위함이다. 혼자 살아갈 수 있는 힘을 만든다는 것은 은둔형 외톨이로 살아가는 것이 아니다. 지식창업자는 혼자 모든 업무를 진행하다가도 협업을 통해 지식콘텐츠를 생산한다. 저자도 때로는 신문사, 기업과 연계해 프로젝트를 진행하거나 독서법, 글쓰기 교육을 위해 학원에 합류해 일하기도 한다. 콘텐츠만 있다면 단독으로 연구에 골몰하면서도 유기적으로 누군가와 조합, 결합할 수 있는 것이다. 누군가 나를 불러주고 누군가에게 어필할 수 있는 자유자재의 삶을 살아가기 위해서 가져야 할 것은 역시, 자신만의 콘텐츠다. 1인 콘텐츠 크리에이터가 되는 것이다.

---
chapter. 3

모르면 경험하고 수집하고 배워서
코칭하라

이 사악한 세상에서 영원한 것은 없다. 우리가 겪는 어려움조차도.
– 찰리 채플린 –

이 책을 읽고 읽는 여러분에게 묻고 싶다.

"지금 자신의 가슴을 뛰게 하고 설레게 만드는 꿈이 있는가?"
"이 세상에 자신의 이름을 걸고 도전해 볼 영역이 있는가?
"그러한 영역이 있다면 인생을 걸고 도전해 볼 의향이 있는가?"

우리가 돈이 많다면 위의 질문에 대한 답을 쉽게 할 수 있을까?
돈이 많으면 굳이 꿈을 꾸지 않아도, 무언가에 도전하지 않아도,
현재만 유지해도 잘 살아갈 수 있을까?

금전적 여유가 꿈을 대체하고 고민 없는 삶을 이어지게 만들
수도 있을 것이다. 하지만 돈보다 가치를 느끼는 무엇인가에
몰입하게 되면 수익은 부가적으로 따라오게 만들 수 있고 돈이
목적이 되는 삶에서 벗어날 수 있다. 사람이라면 모두 '물욕'이
있다. 최소한의 의식주를 해결할 금전적인 지위를 누리고 싶어

한다. 이왕이면 풍족하게, 돈으로 고민하지 않고 살아가고 싶어
한다. 그릇된 일도 아니고 자연스러운 사람의 마음이다. 그렇다면
다시 여러분에게 묻고 싶다.

"돈 때문에 꿈을 포기한 적이 있는가?"
"큰 자본이 들것을 우려해 지레짐작으로 포기한 적이 있는가?"

지식창업자로 살아갈 마음이 동했다면 이 질문에 대한 대답은
앞으로 'NO'라고 대답할 수 있을 것이다. 지식창업은 철저하게
'돈'보다 '배움'이 자본이 되는 시스템이기 때문이다. 모르는 것은
배움으로 보충할 수 있기 때문이다.

중학교 시절 수학학원에 가면 가장 고역스러운 시간은 1명씩
호명해 문제의 답을 물을 때였다. 앞의 아이들이 모두 정답을
맞히고 나면 가슴은 더욱 조여오고 쿵쾅거리기 시작했다. 대답을
하지 못할 때면 '수학문제를 풀지 못했다'는 사실이 모두에게
공표되는 순간이었다. '사실 공표'만으로 수학을 못하는 아이로
낙인 찍혔고 좋지 않은 이미지가 형성됐다.

점점 나보다 뛰어난 아이들이 즐비한 학원에 가는 발걸음
자체가 스트레스였다. 그 뒤로도 수학은 내게 넘어야 할
산이었지만 끝내 넘지 못하고 대학입시까지 발목을 붙잡았다.
기초를 한번 놓치고 손을 떼버리니 실력 향상이 있을 수 없었다.

하지만 점수가 낮았던 가장 큰 이유는 '수학을 왜 잘해야 하는지' 동기가 희미했기 때문이다.

시간이 흘러 직장생활 10년을 하는 동안 그렇게 골머리를 앓았던 '수학'은 일상생활에서 중요한 비중을 차지하지 않았다. 사칙연산 정도의 필요성만 느꼈을 뿐이다. 이러한 경험을 토대로 나만의 사업을 꾸리면서 '배움'에 대한 생각이 많이 바뀌었다. 굳이 내가 '가치'를 느끼지 못하는 것에 시간을 매몰하지 않는 것, 스트레스를 받아가며 무언가를 억지로 해내지 않아도 부가가치를 창출할 수 있다는 것이었다.

3년 간 여러 지식비즈니스를 진행하고 있는 선구자들의 모습을 지켜보고 정치, 경제, 사회, 철학, 인문학, 자기계발 분야 200여권의 책을 읽으며 지식을 체계화했다. 지식비즈니스를 위해 대단한 절차가 존재하는지 연구했지만 결국 큰 줄기는 다음의 세 단계를 따름을 알 수 있었다.

1. 고객이 원하는 정보의 탐색 및 발견
2. 고객이 원하는 정보의 상품화
3. 고객이 원하는 정보의 판매

이 챕터에서는 첫 번째의 '고객이 원하는 정보의 탐색 및 발견'에 중점을 둘 것이다. 고객이 원하는 정보에 다가가는 방법은 '현재 알고 있는 지식' 뿐만이 아니다. 알고자 하는 열망, 의지, 배우고자 하는 이유, 배움의 자세 그 자체다. 배워야할 이유는 천지인데도 '나는 문과대생이니까', '나는 공대생이니까', '나는 영업자니까', '나는 관리직이니까' 이처럼 배우지 않으려는 이유도 동시에 만들어내고 회피하고 기회를 잃어버리고 있다.

<철완 아톰>을 탄생시킨 일본 만화계의 아버지라 여겨지는 데즈카 오사무. 그는 그를 따르는 후배들에게 다음과 같이 말했다. "만화에서 만화를 배우지 마라. 일류의 영화를 보아라, 일류의 음악을 보아라, 일류의 연극을 보아라, 일류의 책을 읽어라. 그리고 그것으로부터 자신의 세계를 만들어라."

자신이 현재 알고 있는 피상적인 지식만으로 세상을 바꾸기는 힘들다. 하다못해 바로 앞에서 물음표를 취하고 있는 단 한명의 고객도 만족시킬 수 없다. 아는 영역에서는 지식을 더 발전시키고, 모르는 분야더라도 배우고 습득해 자신만의 것으로 체화시켜야 하는 이유다.

학창시절로 돌아가 보더라도 주위에는 항상 '노동력'이나 '지식'을 판매하는 친구들이 있었다. 하얀색 종이에 공부 내용을 글로 꽉 채워 넣어야 했던 숙제를 대신 해주던, '깜지 판매자'가 대표적이다. 이 숙제를 대신해 주고 500원 남짓한 '노동 대가'를 받는 식이었다. 나름대로 '노동집약적'인 가치를 창출하고 있었다. 간혹 판매자가 '깜지'에 분량을 채우려고 연예인 이야기를 교묘하게 써넣은 것이 적발됐다. 그것을 돈 주고 산 친구가 영문도 모른채 교무실로 끌려가는 사건이 발생하기도 했다.

수십 년 전임에도 이미 지식창업자의 마인드를 가진 친구들도 있었다. 시험을 앞두고 벼락치기를 하는 친구들에게 체계화된 '1장짜리 요약본'을 소정의 돈이나 간식을 받고 판매하는 친구가 있었다. '정보의 가치'를 느낀 벼락치기의 고수들은 그 정보를 기꺼이 '소보루 빵' 한 개와 맞바꿨다. 재밌는 것은 '요약 정보'를 판매한 친구는 공부를 썩 잘하는 친구가 아니었다. 단지 이러한 정보를 원하는 대상들을 공략하기 위해 '1장짜리 요약본'이라는 거절하기 힘든 제안을 상품화 한 것이다. 이것이 단순히 강매였다면 벼락치기의 고수들은 '소보루 빵'이라는 금전가치를 선뜻 내놓지 않았을 것이다. '요약본 지식창업자'도 수익을 얻을 수 없었을 것이다.

주위를 둘러보면, 점점 전문가가 양산한 엘리트 정보만을 섭취하고 있지 않다는 것을 알 수 있다. 재능 기부 사이트만 보더라도 아마추어들의 신선한 아이디어를 돈으로 주고 사고 있다. 아침에 일어나는 것이 고역인 사람에게 '목소리 알람'을 해주는 대가로 수익을 얻고 있고 스트레스 해소를 위해 '욕먹는 상사' 역할을 대행해주는 사람도 생겨났다. 이제 전문가의 천편일률적인 정보가 아닌 '필요에 의한' 지식서비스가 펼쳐지고 있다. 반대로 뒤집어보면 무조건 전문가가 되기 위해 대학원에 진학하고 교수 타이틀을 따내는 것이 능사가 아니라는 것이다. 결국 '야전'에서 세상의 트렌드를 읽고 모르는 것은 공부하고 경험하며 고객의 눈높이를 따라가는 것이 지식창업 비즈니스를 해나갈 수 있는 기반이 될 수 있는 것이다.

chapter. 4

지식 창업의 시작은 진정성을 담은 '도움'에서 시작하라

어떻게 말할까 하고 괴로울 때는 진실을 말하라
– 마크 트웨인 –

길거리를 지나다 보면 각종 전단지를 건네는 사람들의 모습이 보인다. 대부분의 사람들은 전단지를 받아보지 않고 지나쳐 간다. 받아들지 않는 이유는 명확하다. 자신에게 필요치 않은 정보로 여기기 때문이다. 같은 정보라도 어떤 것은 '정보 상품'이 될 수 있고 때로는 아무 의미 없는 '낱장 종이'로 전락하고 만다. 받아들이는 사람에 따라 정보에 대한 가치가 다르게 매겨지기 때문이다. 살을 빼는 것이 목표인 사람에게 헬스클럽 할인 정보지가 주어진다면 받아들일 만한 정보로 여겨진다. 토익 점수를 단기간에 올리기 위한 방법을 찾는 사람에게 한국어 능력시험 정보지를 건넨다면 정보로 생각하지 않는다. 불특정 다수에게 뿌려지는 전단지, 정보지는 '정보 상품'이 되기 어렵다. 자신에게 필요치 않은 정보는 가치를 느낄 수 없어 반려되기 때문이다. 사람들은 자신이 느끼는 가치등급에 따라 정보인지 아닌지 판별한다.

지식창업자에게 정보는 곧 상품이다. 가치와 지식을 정보와 결합해 또 다른 상품을 만들어 맞춤고객에게 제공한다. 지식산업에서 고객이 가치를 느끼지 못하는 정보 상품은 더 이상 수익 상품이 될 수 없다. 지식창업자는 상품을 만들어 놓고 고객을 찾는 것 뿐 아니라 문제해결이 필요한 고객을 찾아낸 후 솔루션으로 상품을 만들 수 있다. 지식창업자에게 상품을 만들어 내는 데 있어 선후 관계는 의미가 없다. 무료 정보 형태로도 지식상품을 만들어 낼 수 있다.

우리 주위에는 무료정보가 넘쳐난다. 무료쿠폰, 무료강연, 무료소식지, 무료칼럼, 무료 지역신문, 무료 인터넷 기사 등 우리 생활 전반에 펴져 있다. 하지만 일상적으로 접하는 무료정보를 통해 개인의 어려움, 문제가 해결되기는 쉽지 않다. 특히 사람들은 무료정보에 가치를 매기지 않는 경우가 많다. 쉽게 얻은 것은 쉽게 잊어버리고 이 정보를 이용해 무언가 도전해 볼 의지가 불타오르지 않는다. 그럼에도 지식창업의 시작은 무료 정보를 제공하는 것에서 실마리를 찾아낼 수 있다. 단순히 시중에 널려 있는 '무료정보'처럼 불특정 다수를 향해 양산해 내는 것은 의미가 없다. 고객맞춤형 '가치를 느끼는 무료정보'를 만들어내야 한다.

지식창업에 눈을 뜨던 초기. 책을 집필하고 무료강연, 무료컨설팅을 하는 내 모습을 보며 주변 사람들은 의아한 눈빛을 보냈다. 일면식도 없는 사람들에게 굳이 그렇게까지 많은 정보를 주고 시간을 할애하면서 비용도 받지 않는 것이 이해가 되지 않는다고 했다.

지식창업이 지속할 수 있는 근간은 사람과 사람 간의 관계에서 얻는 '보람'이다. 도움을 주는 것 자체가 생산자의 입장에서도 배움이고 성장이다. 스스로 느꼈던 문제해결의 돌파구, 해결점을 사람들과 나눌 수 있다. 내게는 작은 과정이었지만 누군가에게는 험난한 과정이 될 수 있다. 지혜를 나눌 수 있다. 누군가 나로 인해 변할 수 있다. 타인의 잠재력을 이끌어 낼 수 있다. 이러한 보람을 온몸으로 느끼는 것이 지식창업의 자산이 될 수 있다.

처음부터 수익에 온 정신을 집중해 일만 하다보면 지식창업도 다른 물질적인 가치만 전달하고 오늘 수입이 얼마인지 돈만 세는 사업과 다를 바 없다. 당신이 지닌 진심은 타인의 믿음을 끌어낸다. 그 이후 수익은 저절로 따라오게 된다. 돈을 쫓지 말고 돈이 자신을 따라오게 만드는 과정이 필요하다. 이런 면에서 지식창업자는 무료정보더라도 혼신의 힘을 다해 상대방의 문제점을 해결해 줄 만한 '도움'을 담아야 한다.

사람들은 예나 지금이나 문제해결에 목말라 있다. 연애, 직장생활, 건강, 진로, 스트레스, 경력관리, 마케팅, 사업자금, 학업, 부업, 퇴직, 공부방법 등 헤아릴 수 없이 많은 범주에서 누군가의 경험과 지혜를 필요로 하고 있다. 고도로 숙련된 전문가의 손길만 기다리고 있지 않다. 깨어있고 능동적으로 자신만의 해결책을 만들어낸 사람은 지식창업자가 될 수 있다. 시도해보지 않으면 결코 얻는 것은 없다. 하찮은 지식과 정보라 여겨지는 것에도 '가치'를 담아 아낌없이 제공하는 것에서 시작할 수 있다.

지식창업 뿐 아니라 거대산업까지 비즈니스가 성공하는 이유는 간단하다. 고객이 끊이지 않으면 성공한다. 반대로 고객이 뚝뚝 끊기는 사업은 어떤 이유로 그럴까? 충성고객이 없기 때문이다. 휴대폰을 구입하기 위해 낯선 매장에 들어섰을 때 판매직원과의 유대감은 그리 길게 이어지지 못한다. 1~2년이 지나 그 판매직원을 만나 또 다른 휴대폰을 구매하는 경우는 거의 없다. 지식창업은 디지털과 아날로그의 조합이다. 정보와 지식은 디지털 도구로 신속하게 가공할 수 있다. 하지만 사람 간의 관계는 지극히 아날로그적이다. 정보를 판매하기에 앞서 사람의 마음을 얻어야 한다. 단순히 히트상품만을 강조해 판매에 열을 올리는 매장직원과 고객이 원하는 필요성에 착안해 이런 저런 팁을 주는 직원 중 누구에게 마음이 가겠는가.

'다시 이 사람을 통해 문제를 해결하고 싶다', '누군가에게 소개해주고 싶다', '내가 중요한 사람임을 이 사람이 일깨워 주었다' 이러한 마음이 들도록 물심양면으로 도움을 준다면 1~2년이 흐른 뒤에도 나를 다시 찾아오는 끈끈한 고객이 될 것이다.

소금을 판매하는 사람이 다른 사람에게 도움을 주기 위해 무조건 식으로 소금을 퍼준다면 그 사업자는 파산할 수 밖에 없다. 소금이라는 유형적인 물질가치는 퍼내면 퍼낼수록 줄어들기 때문이다. 지식창업자는 무궁무진한 지식세계에 몸담고 있다. 퍼내고 퍼내도 지식의 업그레이드는 가능하다. 오늘 조금 손해 본 것 같은 마음에 온 정신을 집중하기 보다 자신이 앞으로 그릴 큰 그림에 집중하는 것이 발전하는 길이다. 지식창업자가 잊지 말아야할 것은 정보를 제공했을 때 상대방의 마음에 '기대 이상이야'라는 생각이 싹터야 한다는 것이다. 당신의 메시지에 진정성 있는 마음을 담아야 하는 이유이다.

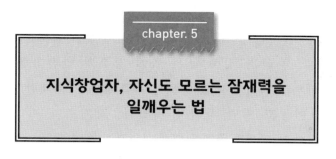

chapter. 5

지식창업자, 자신도 모르는 잠재력을 일깨우는 법

자기의 가능성을 실현할 수 있는 인간은 행복한 사람이다
- 로버트 레슬리 -

"당신은 지금 앞으로 얼마나 살 것처럼 살고 있습니까?"

일본 소설가 고타로는 저자 인터뷰에서 청중들에게 위와 같은 질문을 했다. 하고 싶지 않은 일을 하며 지냈을 때도, 하고 싶은 일을 하며 지내는 요즘도 마음속에 품고 있는 질문이다. 누구도 부정할 수 없는 참 명제 중 한 가지는 인생은 유한하다는 것이다. 이미 정해진 기간 안에 어떠한 삶을 선택하고 발걸음을 옮기든 결정권은 자신에게 있다.

'나는 이대로가 좋아', '나는 매일 발전하는 삶을 살겠어', '뒤처지지만 않으면 좋겠어' 어떤 선택을 하든 자기만족감이 든다면 실패한 인생을 논할 기준은 서지 않는다. 그럼에도 아쉬운 것은 대부분의 사람들이 스스로의 잠재력을 발견하지 못하고 평생을 살아간다는 것이다. 인생의 뒤안길에서 후회하고 '더 도전해볼걸'이라며 안타까워 한다. 저자도 마찬가지였다.

20대에는 꿈이란 것이 없었다. 맞춰진, 정해진 경로로 따라갈 뿐이었다. 누군가 정해 놓은 틀에 맞추려 안간힘을 썼고, 울타리에서 튕겨나가지 않기 위해 목표 없는 자기계발, 공부를 하고 덮어놓고 일만 하기에 바빴다. 땅거미가 지고 밤이 어둑해서야 내 인생과 존재에 대해 회의감이 들었다.

'이대로 살아가는 것이 맞는 걸까', '내가 잘하는 것은 무엇일까', '잘 할 수 있는 것은 무엇일까', '나를 가슴 뛰게 하는 것은 무엇일까' 답 없는 물음을 이어갔다.

안젤라 세이어즈는 <죽기 전에 답해야 할 101가지 질문>에서 자신의 인생을 회고 하고 있다. 그녀는 뇌에 들어찬 종양으로 한달 가량의 시한부 인생을 선고 받았다. 그녀는 책에서 다음과 같이 말하고 있다.

"당신이 나보다 살아갈 날이 더 많이 남아 있는 사람이라면 진심으로 권하고 싶다. 당신이 뜨겁게 살아 있다는 증거들을 생의 모든 순간에서 쉼 없이 찾으라고 말이다."
"문제를 따지다가 축복을 걷어차느니, 축복을 늘어놓다가 셀 수 없게 되는 게 더 현명한 인생이다."
"살아있다는 느낌만큼 더 큰 축복도 없다고 말하고 싶다."

여러분들에게 묻고 싶다. 가슴이 뛰고 어떤 일을 할 때마다 살아있다는 느낌을 받아본 적이 있는가? 없다면 찾아보려고 노력한 적이 있는가?

가슴 뛰는 일을 찾기 위해서는 현재 짊어진 짐을 잠시라도 내려놓는 것이 필요하다. 온전히 자신의 잠재력을 찾기 위해 몰두하는 시간이 필요하다. 대부분 사람들은 자신의 진정한 잠재력을 찾지 못하고 현실의 무게에 짓눌려 살아가고 있다.

지식창업자에게 '잠재력'은 곧 사업을 영위할 수 있는 자산이 된다. 무형의 잠재력이 유형의 지식서비스로 탈바꿈된다. 잠재력을 찾는 것은 곧 상품이 될 수 있다. 잠재력을 찾는 것은 심도 있게 다가선다면 자신이 몰랐던 미지의 세계를 탐험하는 것과 같다. 하지만 반대로 자신이 이미 가지고 있는 것에서 끌어낼 수도 있다. 잠재력, 멀리 있어 의식적으로 찾아내야 할 대상이기도 하지만 너무나 가까이에 있어 찾기 힘들 수도 있다.

잠재력은 자신이 '과연 무엇을 할 수 있을까'에 대한 답을 준다. 다음 내용은 지식창업자가 상품으로 만들 수 있는 대상을 찾는 방법에 대해 연구하고 정리를 해본 결과이다.

첫 번째, 경험기반 조언자가 될 수 있다.

우리는 매번 다른 사람과 똑같은 경험을 하고 살아가지 않는다. 누군가에게 경험을 들려 줄 수 있다. 매번 무슨 일이 있을 때마다 전문가를 찾아가 상담하지 않는다. 자신만의 운동법으로 10kg 감량에 성공한 친구의 식단 짜기 방법에 귀를 기울인다. 고기보다는 채소 몇g을 더 먹으라는 이야기에 공감하고 며칠 이행할지는 자신이 없지만 행동에 옮기기도 한다. 자신만의 실전 다이어트 비법에 공부를 더해 지식상품으로 만들어낼 수 있다. 경험기반 조언자가 되기 위해서는 스스로 많은 경험을 해야 한다. 직접 체득하는 것이 누군가에게 조언해주기에 알맞은 방법이다. 유럽에 가보지 않고 유럽여행 팁을 전달하기 힘들듯이 자신만의 노하우를 쌓기 위해서 앞서 경험하고 체계적으로 정리할 필요가 있다. 누군가가 직면한 상황을 현실적으로 그려내고 처방을 할 수 있다면 '멘토'가 될 수 있는 것이다.

누군가의 멘토가 되고자 한다면 다음 질문에 답할 수 있는지 스스로 생각해 봐야 한다.

    1. 누군가에게 필요한 사람이 될 수 있는 나의 장점은 무엇인가
    2. 누군가에게 조언을 해줄 수 있는 충분한 경험이 축적 됐는가
    3. 조언을 받는 사람이 진정 잘되길 바라는 마음을 가지고 있는가

두 번째, 괴로웠던 경험이나 과거 공부했던 분야를 확장한다.

대학입시를 위해 억지로 공부했던 분야, 다시는 쳐다보기도 실은 공부과목도 달리 생각하면 지식창업자의 자산이 될 수 있다. 전혀 새로운 분야에 도전하는 것보다 축적된 지식기반이 형성돼

있기 때문이다. 자신이 괴로움을 느꼈던 분야도 지식분야로 확장시킬 수 있다. 공부를 할수록 스스로도 그 대상을 넘어서게 되고 자신감이 붙기 때문이다. 트라우마로 몇 년간 고생을 많이 했지만, 극복 대상으로 삼은 뒤에는 심리학 서적만 60여권을 보며 지식을 체계화 했다. 전문자격증을 취득하고 트라우마를 극복하려 노력했고 다른 사람의 고통도 공감하고 처방해 줄 수 있는 지식을 얻을 수 있었다. 쳐다보기도 싫고 생각하기도 싫은 분야라도 생각의 전환을 한다면 스스로에게 이롭게 방향선회를 할 수 있다.

두 번째 분야에 도전하고자 한다면 다음 질문에 답할 수 있는지 스스로 생각해 볼 필요가 있다.
1. 자신의 문제부터 확실히 극복할 자신이 있는가
2. 같은 상황을 겪고 있는 다른 사람에게 진정성 있게 솔루션을 줄 수 있는가
3. 이 난제를 극복하기 위해서 내가 할 수 있는 일이 무엇인가

세 번째, 이뤄낸 성과 자체가 지식상품이다.
　　직장생활을 하며 자신의 성과를 체계적으로 정리할 필요가 있다. 이직을 위해서만이 아닌 자신의 지식성과를 돌아볼 필요가 있다. 조직 내에서는 하찮게 느껴질 성과지만 세상에 들고 나왔을 때 그 경험을 원하는 사람들이 있다. 기획팀에서 10년을 근무해 일 자체가 익숙하게 느껴지겠지만 다른 직무 종사자들은 그

업무를 배우고 싶어 한다. 조직의 일부로 자신의 성과가 작게 느껴지겠지만 개인으로 봤을 때는 충분한 성과를 올린 것이다.

세 번째 유형에 도전하고자 한다면 다음 질문에 답할 수 있는지 곰곰이 생각해 볼 필요가 있다.

1. 직무 관련, 대내외적으로 질문을 받거나 도움요청을 받은 경험이 있는가
2. 관련 성과에 자신만의 독특한 솔루션이 포함되어 있는가
3. 자신만의 툴로 지식화를 거쳤는가

시험 잘보는 법, 명상하는 법, 근력운동 방법, 말을 잘하는 법, 달리기를 잘하는 법, 창피함을 무릅쓰는 법, 중고차 저렴하게 사는 법, 청소하는 법, 정리 잘하는 법, 배 낚시를 잘하는 법 등 우리가 사소하게 여기는 정보들이 누군가에게는 절실한 정보로 지식화 되고 상품화 되고 있다. 당신은 이미 성과를 이뤘고 이룰 능력이 있다. 자신을 돌아보고 내가 할 수 있는 것이 무엇일까 골똘히 생각해보자. 자신도 모르는 잠재력을 일깨울 때 지식창업자에게는 돈 주고 살 수도 없는 든든한 자본이 마련될 것이다.

chapter. 6

배움과 지식의 나눔, 6단계 법칙

계획이란 미래에 관한 현재의 결정이다
- 피터 드러커 -

　지식을 나누는 사람들의 공통점이 있다. 〈성공하는 사람들의 7가지 습관〉의 저자 스티븐 코비부터 〈익숙한 것과의 결별〉의 저자 구본형, TV 토크쇼의 신기원을 구축한 오프라 윈프리, 애플의 선봉장 스티브 잡스 등 시대를 풍미한 지식사업가들은 지식과 경험의 체계화를 거쳤다는 것이다. 지금은 유명인사가 됐지만 출발은 거창하지 않은 작은 메시지에서 시작됐다. 우리도 자신만의 지식과 경험을 가지고 있다. 출발은 작을지라도 끝은 다를 수 있다. 직장에 다니며 3년 간 지식창업자들이 걸어온 삶을 연구하고 테스트하고 정리했다. 함께 지식탐험을 하고자 하는 독자들이 있다면, 지식창업자의 길을 가고자 한다면, 기억하고 적용해 나갈 배움과 지식 나눔의 단계이다.

첫 번째, 무엇을 선택할 것인가.

이 세상을 카테고리로 나눈다면 대체 몇 가지로 나눌 수 있을까? 지금 당장 인터넷 서점에 들어가 카테고리 범주가 몇 개인지 나열해 보자. 1개의 사이트만 해도 수십, 수백 개의 카테고리로 나누어지는데 사람의 인생, 경험은 말할 필요도 없이 수많은 범주로 나뉠 수 있다. 이 많은 범주 모두를 선택할 수는 없다. 처음에는 주제를 좁혀서 1개를 선택해야 한다. 단 한사람에게 자신의 경험과 노하우를 전수한다고 생각을 해보자. 우선 단 하나의 좁고 깊은 자신의 이미지를 만들 수 있도록 한 가지의 주제로 깊게 공부를 하고 지식을 체계화 해야 한다. 시작은 너무나 많은 물건을 파는 잡화점이 아닌 1개 메뉴를 판매하더라도 제대로 맛을 내는 만두 전문점이 되어야 한다. 메뉴 수는 메인상품이 본 궤도에 오른 뒤 차차 늘려나가도 늦지 않다. 공부법 중에서도 영어공부법을 택할 것인지, 15세 이전의 역사 공부법을 택할 것인지 좁히고 좁혀 자신의 경험을 밀도 있게 압축해 나가야 한다.

- 내가 흥미를 느끼고 즐거워하고 공부하고 싶은 것은 무엇인가
- 나로 인해 누군가 변화할 때 뿌듯함을 느낄 수 있는 분야는
  무엇인가

두 번째, 내 경험, 지식, 노하우를 원하는 고객은 누구인가.

1단계와 2단계의 선후 차이는 없다. 지식을 만들어내고

고객을 찾아도 무방하지만 고객을 찾고 지식을 상품화 하는 것도 문제 되지 않는다. 자신의 해결방법이 모든 연령, 모든 성별, 모든 직업에 종사하는 사람들을 위한 것이라면 박수 받아 마땅하다. 하지만 현실적으로 어렵다. 그렇기 때문에 '고객의 특정'이 필요하다. 연령별, 성별, 직업군으로 나누는 천편일률적인 통계학적 접근 분석도 필요하지만 자신에게 물음을 던짐으로써 답을 구할 수 있다.

- 당신이 즐거워하는 주제에 관심 있는 사람은 누구인가?
- 당신이 인생에서 겪었던 아픔과 비슷한 경험을 한 사람은 누구인가?
- 당신이 공부하고 싶고 배우고 싶은 분야에 똑같이 관심을 가진 사람은 누구인가?
- 일면식도 없는 상태에서 한 시간 이상 진정으로 이야기를 나눌 수 있는 사람은 누구인가?

세 번째, 상대방이 원하는 것이 무엇인지 파악하라.

고객이 피하고자 하는 대상을 제거해 줄 것인지, 원하는 것을 만족시켜 줄 것인지 최소한 이 2개중 1개는 충족시켜 줘야 한다. 심리적으로 힘든 고객이라면 나쁜 감정을 마이너스 시켜줘야 할 것이며, 최적화 영어공부법을 원하는 고객에게는 맞춤형 솔루션을 제공해야 한다. 고객이 원하는 해결점을 짚어낼 때, 그들의 인생궤적을 잘 이해할수록, 해결책의 페이지는 두꺼워지되 메시지는 명료해진다. 다음의 질문에 스스로 답할 수 있어야 한다.

- 상대방이 공부하고 싶은 분야는 무엇인가
- 상대방이 얻고자 하는, 열망하는 것을 구체적으로 알고 있는가
- 상대방의 진정한 꿈, 목표를 알고 있는가

네 번째, 자신의 이야기를 체계화할 준비가 되어야 한다.

타인에게 도움을 주기 전 자신의 인생경험과 지식, 노하우, 배움을 정리해야 한다. 자신이 어떤 사람이고 어떠한 경험으로 성과를 이루었는지 스스로 질문을 하고 체계화 한다. 학창시절 경험, 직장생활 성과, 집필, 강연, 코칭, 컨설팅 등을 통해 이룬 성과들을 일목요연하게 정리해 자신의 경험을 수치화 하고 내보일 수 있어야 한다. 스스로 다음과 같은 질문을 하고 답할 줄 알아야 한다.

- 나는 무엇을 추구하는 사람인가?
- 나는 어떠한 경험을 했고 이것을 통해 무엇을 나누려고 하는가?
- 어떠한 일에 성공을 했는가, 다른 사람이 원하는 성취감을 미리 누려본 적이 있는가?
- 어려움을 언제 어떻게 극복했고 어떠한 이야기를 들려줄 것인가?

다섯 번째, 자신만의 솔루션을 만들고 제시하라.

여러분의 마음과 머릿속에 담겨진 해결책은 세상 밖으로

끄집어 내지 않는 이상 진정한 솔루션이 될 수 없다. 당신의 경험과 지식, 노하우를 원하는 상대방이 마음껏 누릴 수 있게 내보여야 한다. 고객들에게 익히게 하고, 보이게 하고, 읽게 하고, 들리게 만들고, 체험하게 기회를 제공해야 한다. 전단지, 블로그, 개인방송, 메일, 전자책, 모바일 어플 등 주변을 둘러보면 무심코 지나치는 도구들이 즐비해 있다. 실행하는 자와 생각만 하는 자의 차이만 있을 뿐이다. 누군가는 행동했고 누군가는 눈여겨 보기만 하고 있다. 그 차이는 자신의 소신을 굽히느냐 표출하느냐의 차이로 이어지는 것이다. 자신만의 솔루션을 만들고자 한다면 다음의 질문을 상기해 볼 필요가 있다.

– 어떤 형태의 솔루션을 만들어 낼 수 있는가?
– 한 가지라도 심도 있게 다룰 수 있는 지식가공 툴을 가지고 있는가?

여섯 번째. 보편성 속에 차별화를 담아 전달하라.

보편타당한 문제에 대해 차별화 된 해결책을 제시할 수 있어야 한다. 〈8시간 독서로 인생을 바꾸는 법〉이라는 책은 해결책을 담을 수는 있겠지만 '8시간 독서'라는 점에서 보편성이 떨어진다. 대부분의 사람들이 겪는 문제에 대해 날카롭고 구체적인 해결책으로 차별화 할 필요성이 있다. 차별화를 이루기 위해서는 다음의 질문에 답할 수 있어야 한다.
– 상대방이 나를 찾아와야 하는 특별한 이유가 있는가?

- 자신의 삶에 변화가 깃든 상대방이 몇 년 후에도 고마움에 자신을
  찾아 올 것인가?
- 상대방이 당신과 함께 하고픈 마음이 들게끔 먼저 다가서고 베풀
  수 있는가?

지식창업자에게 있어 일과 인생 사이의 공통분모는 배움과
경험이다. 인생 자체가 공부고 경험 자체가 해결책이 될 수
있다. 고객과의 유대감이 자산이 될 수 있다. 마음껏 공부하고
경험하고, 지식을 쌓으며 사람간의 끈끈함을 경험하는 것이
스스로를 성장시키는 방법이다.

처음은 누구나 헤매고 방향을 잡기 쉽지 않다. 자신의 경험과
지식이 보잘 것 없이 느껴지기도 한다. 이것 또한 과정이고
양분이 된다. 도전하면 길이 열릴 것이고 현재에 안주한다면
닫혀진 문의 자물쇠는 녹슬 수 밖에 없다.

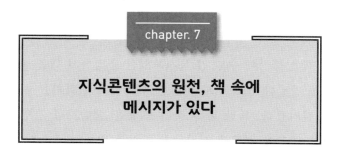

chapter. 7

지식콘텐츠의 원천, 책 속에 메시지가 있다

발견은 준비된 사람이 겪는 우연이다.
– 알버트 센트 디외르디 –

파피루스라는 의미를 가진 '비블리오스(biblios)'에서 파생된 단어가 '책'이다. 파피루스는 고대 나일강 유역에서 지금의 종이 대신 사용한 식물에서 비롯했다. 시간이 지나 두루마리 형태의 책이 낱장을 묶는 형태의 '코덱스'로 발전했고 오늘날의 책 형태를 갖추기 시작했다. 코덱스는 서양 문화사에서 중요한 위치를 점했고 중세시대 책의 본격적인 대량 생산이 이루어지는 밑바탕이 되었다. 낱장 종이가 모이고 모여 하나의 거대한 책을 이루는 모습을 보면 우리가 인생을 만들어가는 모습과 흡사하다.

"인생은 한 권의 책과 같습니다. 어리석은 이는 마구 넘겨버리지만, 현명한 이는 열심히 읽습니다. 인생이라는 책은 단 한 번만 읽을 수 있다는 것을 알고 있기 때문입니다."

독일의 소설가, 장 파울이 남겼던 말로 내게 많은 울림을 주었다. 책을 좋아해 수년 간 독서모임을 운영하고 책을 좋아하는 사람들을 만났다. 스스로도 변화했고 독서로 변화하는 사람들을 곁에서 지켜봤다. 책과 함께 하는 인생을 살다보니 자연스럽게 직장생활 10년을 전후해 직장생활 저서를 비롯해 글쓰기, 독서법 책을 썼고 지금은 경제경영, 인문학 저서를 집필 중이다.

문득 고개를 들어보니 항상 숨기 바쁜 인생이었지만 어느 순간부터 책을 통해 사람을 만나고 인생을 배우고 도전하고 적용하며 앞으로 조금씩 나아가고 있었다. 삶은 거대한 한 권의 책과 같다. 한 페이지 한 페이지 소중하게 자신의 인생을 써내려가는 소중한 장편집이다. 너무나 정신없이 지내고 누군가에게 끌려가는 듯한 인생을 살아갈 때는 스스로 페이지를 만들어가는 느낌이 들지 않았다. 내 생각을 평가받고 규정당하고 옭아매는 어떤 것들에 의해 본문이 장식된, 이름만 덩그러니 겉표지에 써있는, 제목 없는 책을 집필하는 느낌이었다.

조금씩이나마 인생궤도를 스스로 움직이면서 곰곰이 생각해보니 책만큼 내게 위안을 주고 메시지를 주며 인생의 방향설정에 도움을 주었던 것이 없었다.

새벽 2시까지 직장에서 일을 하고 돌아온 방에서 내가 할 수 있는 선택지는 적었다. 몇 시간 후면 다시 일어나 아침을 맞이해야 했기에 시간이 항상 부족했다. 그나마 할 수 있는 것이 독서였다.

너무 밝은 형광등 불빛이 싫어 미등을 켜고 책을 읽는 날이 많았다. 그 당시 책을 읽었던 이유는 다른 삶을 살아보고 싶다는 생각이 강했기 때문이다. 누군가 경로 설정을 해놓은 곳에 멀뚱히 서서 내가 끄는 것인지 끌려 다니는 것인지 분간 못할 정도로 살고 있었기 때문이다. 책은 어찌 보면 현실도피 수단이 되기도 했지만 현실을 타개하는 촉매제가 되었다.

지식창업자에게 독서는 선택이 아니라 필수라고 해도 과언이 아닐 것이다. 항상 새로운 트렌드를 연구하고 적용하고 살아가야 하는 것이 과제인데, 하나의 키워드로 집대성된 책은 든든한 버팀목이 된다. 이 세상에서 책 외에도 지식과 정보를 나눌 매체는 산재해 있다. 스마트폰 전원만 켜도 모든 정보를 버튼 하나로 찾아낼 수 있다. 그럼에도 저자의 경험이 오롯이 스며든 지식의 결정체이며, 한자 한자 정성들여 써낸 책의 깊이를 따라가지는 못할 것이다.

오늘 하루 일정을 마무리하며 인터넷 실시간 기사도 빠짐없이 보며 새로운 콘텐츠 구상을 하는 것은 일상이 됐다. 기사는 빠뜨리더라도 1주일에 1~2권의 책을 보는 것은 이미 습관화 됐다. 여러 사람들을 만나는 일을 하다 보니 책 속에서 미리 사람들을 만날 준비를 한다. 내가 알지 못하고 흘려버리는 다른 사람의 삶을 대신 경험하는 데 있어 책만큼 깊이를 더하는 것이 없다. 새벽에 퇴근해 누군가를 만나러 갈 수도 없고, 매번 여행을 떠날 수도 없다. 누군가를 인터뷰하기 위해 전국을 누비는 것도 하루 이틀이다. 책에서 만날 수 있고 책으로 여행을 떠날 수 있다. 배움에 대한 즐거움을 주는 것이 책이고 지식을 쌓는 원천이 책이 될 수 있다. 치킨 1마리 남짓한 돈으로 이만큼의 경험을 할 수 있는 것이 또 있을까 생각을 하고는 했다.

지식을 얻는 뿌듯함, 간접경험을 하는 채움의 느낌, 공감, 즐거움, 위안, 희망. 이 모든 키워드를 충족시킬 수 있는 책의 중요성을 더 일찍 깨우치지 못한 것이 아쉬울 때도 있다.

20대, 30대, 40대에 접어들수록 시간의 가속도는 빨라진다. 시간의 가속도에 저항하는 방법 중 하나가 독서다. 집어 드는 책의 종류에 따라 시간과 공간을 초월해 지식을 쌓고 정리하고 체계화 할 수 있다. 중세시대로 넘어가 역사를 배울 수 있고, 오늘 저녁엔 이집트 스핑크스와 마주하며 고대 유물에 대해 공부할 수 있다. 4차 산업혁명에 대비해 직장인으로서 무엇을 해야 할지 대비를 할 수 있다. 선구자를 통해 자신의 꿈을 정립해 나갈 수 있다. 똑같은 일상에 푸념하고 아무런 준비를 하지 않는다면 시간의 가속도에 휩싸여 지금 얻고 있는 것만을 평생 얻으며 도태될 수 있다.

살아간다는 것은 인생이라는 큰 굴레를 이해하고 보듬는 과정이다. 인생을 이해하기 위해서는 적극적인 삶을 살아야 한다. 허나 이러한 노력에는 시간과 공간의 제약이 있고 한계가 있다. 남을 돕고 살기 위한 지식창업자에게는 시간과 공간의 제약을 없애는 것이 관건이다. 책을 읽지 않는다고 잘못된 삶을 사는 것도 아니고 책만 읽는다고 성공한 삶을 사는 것은 아니다.

그럼에도 심한 지적 갈증과 삶에 대한 새로운 시야를 확보하고자 한다면, 지금보다는 새로운 변화를 만들어볼 생각이 있다면, 특히 지식창업자에게 책은 손에서 놓지 않아야 할 황금열쇠가 될 것이다.

chapter. 8

자신만의 메시지가 곧 콘텐츠의 결정판이다

유능한 자는 행동하고 무능한 자는 해설한다
- 조지 버나드 쇼 -

"모든 인간이 신뢰할 수 있는 유일한 힘은 스스로 생각하는 힘이지. 이는 인간이 지배할 수 있으면서도 의지할 수 있는 힘일세."

나폴레온 힐은 저서 <결국 당신은 이길 것이다>에서 어떤 일에 종사하든 자신만의 메시지를 확고히 하고, 상대방에게 무엇을 전달할 수 있는지 자신에게 끊임없이 질문을 던져야 한다고 말했다.

살아가다 보면 현실의 무게에 소신을 잃어버리고 누군가에게, 어딘가에 얽매여 사는 경우가 많다. 지식창업자는 대개 기존 얽매인 틀에서 벗어나 자유로운 삶을 살아간다. 만나고 싶지 않은 사람은 배제하고 사업을 유지할 수도 있다. 세상을 배우기 위해 자유롭게 여행을 다닐 수 있다. 배움이 자본이므로 묶여있는 자금도 없어 매몰비용에 대한 압박도 적다. 그럼에도 매일 업데이트 되는 트렌드를 익히고, 생산적인 칼럼과 저서 집필을 해야 하는 부담감이 들며, 갑작스럽게 잡힌 중요한 강연을 새벽 내내 준비할 때도 있다. 아무 때나 쉴 수 있지만 아무 때나 쉬지 못할 때도 있다.

한번 형성된 '관계'를 져버리기 아쉬워 때로는 주7일 내내 일에 파묻힐 때도 있다. 움직이든 움직이지 않든 모든 책임은 자신에게 있다. 단편적으로만 보이는, 직장인일 때보다 높은 수입, 자유에만 젖어들거나 자신의 소신을 지키지 않고 처음의 방향을 잃는다면, 지식창업자도 여느 슬럼프를 겪는 직장인과 다를 바 없다. 오히려 혼자라서 더 외롭고 슬럼프가 길어질 수 있다. 어떤 일을 하든 자신만의 소신이 확고해야 하는 이유이다.

강산이 변한다는 세월동안 직장생활을 했고 지식창업자의 삶을 살고 있다. 조직에 속해 열정을 다했고 이리저리 부대끼는 삶도 충분히 맛봤다. 지금은 세상으로 나와 온전히 배움과 지식을 무기로, 내 힘 하나를 자본으로 인생을 개척하고 있다. 내가 원하는 큰 그림은 아직 그리지 못했지만 '인생을 만들어간다'는 것 자체가 가슴을 뛰게 한다.

예전과는 정 반대의 삶을 살아가고 있지만 그때나 지금이나 내가 생각하는 메시지는 동일하다. 직장인이든, 개인사업자든 어떤 평범한 누구라도 꿈을 꿀 수 있고 자신의 인생을 만들어갈 능력을 가지고 있다는 것을 일깨우고 싶다. 단지 자신의 잠재력을 모르고 평생 살아가는 사람들에게 도움을 주고 싶다는 마음과 확신을 가지고 있다. 구성과 내용은 다르지만 직장생활 관련 책을 집필할 때도, 지금 이 책을 써내려가는 지금도 같은 생각을 가지고 있다.

지식창업에 대해 이야기 하고 있지만 이러한 삶의 방향도 있음을 알리고자 할 뿐이다. 조직생활이든 창업자의 삶이든 자신이 선택한 곳에서 최선을 다해 목표를 이루면 축복받은 삶이다. 단지, 어느 조직에 속해있든 세상 밖으로 떨어져 나올 때를 대비해야 하고 미리 자생력을 키워야한다는 메시지를 주고 싶었다. 그래서 여러 사람과 만나며 항상 직장 '안팎'에서 많은 경험을 하도록 권했다. 저자처럼 높은 스펙이나 좋은 배경이 없어도 자신을 둘러싼 환경 내에서 최대한 배우고 최선을 다한다면, 평범한 사람도 원하는 삶을 살아갈 수 있다는 것을 나누고 싶었다.

모든 일이 그렇지만 사업 또한 잘될 때가 있고 풀리지 않을 때도 있다. 요즘은 조직에 있을 때와 달리 여러 부류의 사람들을 만난다. 먼저 다가오는 사람들이 많았고 내가 먼저 좋은 관계를 맺고 싶은 사람도 많았다. 생각지 못했던 유명인사를 소개로 만나기도 했다. 대부분 사람들은 좋은 인맥을 만들고 싶어 한다. 사람들은 보통 '이 사람이 내게 무엇을 해줄 수 있을까'에 골몰하고 옆자리에 앉고 싶어한다. 반대로 그 사람은 정말 내 옆자리에 앉고 싶어 하는지도 생각해볼 필요가 있다. 먼저 '받기'보다 상대방에게 어떻게 무엇을 전달할 수 있을지 먼저 고민하는 것이 우선이다. '1'을 건넸다고 해서 똑같이 '1'을 바라거나 '2'를 바랄 필요도 없다. 남을 사람은 여전히 앉아있을 것이며 떠날 사람은 진즉에 떠나고 말 것이다.

프로젝트를 진행하고 싶다며 매일 전화가 오던 사람이 약속 일주일 전에 잠적을 하거나 약속 시간에 늦어 전화를 해봤더니 담당이 바뀌었다는 이야기를 들을 경우 화가 나기보다는 담담함에 익숙해졌다. 결국 일어날 일은 일어나는 것에 익숙해졌고, 감당해야 할 일은 묵묵히 처리하는 내성이 생겼다. 좋은 모습만을 보고 한 순간에 사람이 몰리거나 진창에 빠졌을 때 외면하는 사람들을 보며 좌절하기도 했지만 주위를 둘러보면 '내 사람들'은 여전히 자리를 지키고 있었다. 그들처럼 나 또한 누군가 힘들거나 도움을 원할 때 남아 있는 사람이 되는 것이 마음 속에 뿌리 내린 작은 메시지로 남아 있다.

지식창업자는 혼자서 콘텐츠 기획, 아이디어 편집, 집필, 강연, 칼럼, 마케팅 등 전방위적으로 모든 것을 해낼 수 있고 해내야만 한다. 몸이 망가지거나 정신이 피폐해지면 모든 것이 멈출 수 있다. 혼자 해낼 수는 있지만 오로지 혼자 살아갈 수도 없다. 어떤 직종보다도 사람 간의 '관계' 비중이 높다. 사람을 보듬어야 하고 사람으로 인해 상처 받기도 한다. 사람은 사명감을 갖게 될 때 자신도 모르는 에너지가 생긴다. 지금 이 일을 통해 무엇을 추구하고자 하는지 상대방에게 어떠한 의미를 전달하고자 하는지 뜻이 바로 서면 사명감은 배움과 지식처럼 지식창업자의 큰 자산이 된다.

상대방에게 메시지를 전달하고 가치를 건네는 일을 하는 지식창업자. 그 이전에 자신에게 끊임없이 되묻고 짚어내야 한다. 내가 진정 추구하는 것이 무엇이고 평생의 꿈이 무엇인지, 보람을 느끼는 확고한 마음이 자리 잡아야 일을 지속할 수 있는 힘이 생긴다. 자신의 마음을 다스릴 수 있는 사람이 모든 것을 만들어 갈 수 있다.

PART 4. [시스템편]
배움과 지식을 자본으로 만드는
시스템 구축하기

idea

chapter. 1

주머니가 가난해도 마음만은
부자가 되어야 하는 이유

재물의 빈곤은 쉽게 치유되지만 영혼의 빈곤은 결코 치유되지 않는다
- 몽테뉴 -

여러분은 어느 정도의 물질적 가치를 지닌 부자가 되고 싶어 하는가? 자신이 원하는 절대적인 돈의 수치를 그려본 적이 있는가? 부자가 되어야 하는 이유를 명확히 생각해본 적이 있는가? 단지 '부자'라는 개념을 통장계좌에 들어온 지폐단위로만 설명하고 정의할 수 있을까?

20살이 될 때까지 다섯 식구가 월셋방에 살았다. 현관 문만 열면 한눈에 보이는 훤히 보이는 집구조여서 친구라도 놀러오면 미안하게도 모든 가족이 자리를 비켜주고는 했다. 부엌과 거실의 구분이 없어 화장실로 가는 작은 통로에서 쪽잠을 자며 학창시절을 보냈다.

초등학교 시절에는 친구들끼리 장난감을 하나씩 들고 나와 놀이터에서 놀고는 했다. 값비싼 합체 로봇을 가지고 나오는 친구들에 비해 100원짜리 조립 로봇을 들고 나가야 했다. 형,

누나의 도시락까지 5개의 도시락을 싸주시던 어머니는 반찬값이 떨어질 때면 마음 아파하셨지만, 다행히 친구들 덕분에 가끔은 반찬 걱정 없이 점심을 해결하고는 했다.

아버지는 40대 후반까지 고정적인 직업이 없으셨지만 가족들을 위해 가장이라는 무거운 짐을 내려놓지 않으시고 항상 열심히 일하셨다. 그나마 착실하고 공부를 잘했던 형, 누나가 자리를 잡아감에 따라 부모님에게 큰 힘이 되었다. 그 당시 가난에 대한 불편함이나 창피함보다는 어떻게든 기회를 만들고 자립해야겠다는 생각을 키워낼 수 있었다.

고등학교, 대학생활을 거치며 검소하게 살 수 밖에 없었던 상황이 이어졌지만 괴로움보다는 환경에 맞춰서 살아가는 방법에 익숙해졌다. 쓸데없는 치장이나 허영심에 목매지 않았다. 옷이 여러 벌 있지는 않았지만 최대한 깔끔하게 입고 다녔고 정말 사고 싶은 것들은 신중하게 고르고 또 골랐다. 반대로 배우고 싶은 분야의 공부를 위해서는 돈을 아끼지 않았다.

사회생활을 하면서 여러 사람들과 만나고 부대끼면서 가난함과 부자에 대한 생각이 조금씩 달라졌다. 물질적인 가치를 가지고 있느냐 없느냐의 이분법적 대립 사고로 '가난'과 '부'를 나누고 싶지 않았다. 오히려 행동이나 마음가짐에 이 2가지가 녹아있다는 것을 깨달았다. 강연을 하면서 다른 직군의 소위 지식인이라 불리는 사람들을 만났고, 재능기부를 통해 양로원, 고아원 등을 전전하며 나보다 힘든 사람들을 모두 만났다. 그들을 보면서 환경보다 '어떠한 생각을 가지고 살아가느냐'가 가난함과 부자를 결정짓는 기준이 된다는 것을 인지했다.

가난함이 미덕은 아니다. 부자가 된다는 것이 물질적 가치만을 따진다는 속물적인 개념을 의미하는 것도 아니다. 돈이 없으면 불편한 것은 확실하다. 안타까운 것은 주머니 속이 가난한 것보다 마음이 가난한 것이다. 가난을 논하는 사람들은 계속 '과거'와 '지금'에 머물러 있고 '안주'한다는 것을 확신했다. 마음이 가난한 사람들은 주로 다음과 같은 생각에만 매몰돼 있음을 어렴풋하게나마 느낄 수 있었다.

'지금 노력해봤자 인생은 변하지 않을거야'
'그때 그렇게만 안했으면 지금 내 인생이 변했을텐데'
'가진 것이 없기 때문에 딛고 일어설 언덕이 없어'
'투자 없이 공짜로 무언가 얻을 것은 없을까?'
'지금의 안락함이 언제까지 이어질지는 모르겠지만,
일단 지금이 편해'
'모든 게 저 사람 탓이고, 내가 태어난 환경을 바꿀 수가 없어'

20대 초반 군대에서 군장을 메고 행군 중 웅덩이에 빠지면서 무릎을 크게 다쳐 연골이 크게 손상됐다. 한동안은 다리를 펼 수도 없는 지경이었다. 휴가를 나와 병원에 갔지만 그 당시 수술비를 감당할 여건이 안됐다. 가족에게도 말을 하지 못하고, 다리에 압박붕대를 걸치고 진통제를 맞으며 참아냈고 만기 제대했다. 전역 후 다시 한번 병원을 찾았을 때 연골은 이미 닳을대로 닳아 너덜너덜 해진 상태였다. 수술을 하지 않으면 나이가 들어 퇴행성 관절염으로 번져 일상생활이 불가능할 것이라는 진단을 받았다. 역시나 비용 때문에 수술은 포기한 채 다른 방도를 찾아야했다.

건강 관련 책과 논문 등 자료를 모조리 뒤졌다. 연골이 닳아 없어지더라도 허벅지와 다리 근육을 강화하면 일상생활을 하기에는 불편이 없으리라 확신을 했고, 4년여 동안 스스로 재활운동을 했다. 운동을 꾸준히 하다보니 다쳤던 오른쪽 허벅지는 다른 쪽보다 더 두텁다. 지금 연골의 두께는 일반인보다 많이 얇은 상태다. 지금도 운동을 오래하면 무릎뼈끼리 부딪히는 느낌이 나고, 다리가 저린 현상이 여전히 있지만 일상생활에 무리 없을 정도로 회복시켰다.

지금이라면 수술비를 어떻게든 마련해 더 큰 일로 번지지 않게 치료했을 것이다. 돈을 아끼려다가 오히려 병을 키우면 상황을 더 악화시킬 수 있기 때문이다. 그럼에도 그 당시의 결단은 지식창업자의 삶을 살아갈 원천인 '스스로 생각하고 헤쳐 나갈 힘'을 길러낼 수 있었던 첫 단추였다고 위안 삼는다. 아마도 이때부터 지식과 경험을 통해 살아가는 방식을 은연중 깨우치고 있었던 것 같다. 지금은 내가 회복했던 경험을 살려 자료를 취합해 나처럼 고통 받는 사람들을 위해 무료 전자책 배포를 준비 하고 있다.

상황이 너무 힘들고 좌절할 수 밖에 없다면 주저앉을 수는 있다. 현실이 암담한데 희망의 노래만 부를 수는 없을 것이다. 그럼에도 너무 오랫동안 '주저앉아만' 있을 수 없다. 결국 부자 마인드는 현 상황을 이겨낼 수 있는 '마음의 크기'다. 스스로 극복하고, 혼자 힘으로 살아갈 수 있는 내성을 길러내는 것이 가난한 마인드에서 벗어나는 길이다.

부자의 마음을 가져야 한다는 것은 지식창업자가 가야할 길과 일맥상통한다. 누군가에게 이로운 정보, 경험, 지식을 주어야 할 사람이 현실의 무게에 짓눌려 주저앉아 시간을 낭비하고 있다면 생산적인 메시지를 전달할 수 없기 때문이다.

나폴레온 힐은 저서 <놓치고 싶지 않은 나의 꿈 나의 인생>에서 다음과 같이 말했다.

"부를 축적하는 사람은 빠른 결단력을 가지고 한 번 내린 결정을 변경할 때는 시간을 충분히 들인다. 반대로 부를 축적하는 데 실패한 사람은 결단이 매우 느리고 변경은 굉장히 빠르다. 더구나 무턱대고 변경을 한다."

부자가 되기 위해서는 타이밍도 중요하지만 결단을 내릴 시기에 머뭇거리지 않는 행동력이 필요하다. 생각만 하고 움직이지 않는 삶에 무뎌질수록 이 세상에 자신을 증명할 방법이 점점 없어진다. 무(無)에서 완전한 경제적 자유를 얻기 위해서는 그저 그런 노력으로는 이룰 수 없다. 그만한 감내의 시간과 노력이 뒷받침 되어야 한다. 저자가 추구하고 여러분에게 이야기 하고자 하는 것은 절대적인 '통장 계좌 부자'가 아니다. 당장 고정 월급이 없어도 불편함이 없을만한 돈을 스스로 벌어들일 능력을 만들고, 자신을 끊임없이 발전시키는 삶을 지향하는 것이다. 그 중심에 자신을 갉아먹는 '가난한 마음'이 아닌 지혜의 살을 찌우는 '부자 마인드'가 자리 잡아야 한다.

chapter. 2

창직의 시대, 평생현역으로 살아갈 준비가 되었는가

일을 많이 하는 방법은 지금 곧 한 가지 일을 시작하는 것이다.
– 스마일즈 –

'산업혁명'이라는 단어는 영국의 역사학자 아널드 토인비에 의해 정의 되었다. 18세기 중엽에서 19세기 초, 증기기관이 기폭제가 되어 키워드 '기계화 혁명'으로 대변되는 1차 산업혁명이 일어났다. 전기의 발명과 보급으로 컨베이어시스템이 공장에 등장하며 대량생산체제의 틀이 갖춰진 2차 산업혁명은 석유자원을 비롯, 전화, 텔레비전 같은 커뮤니케이션 기술의 발전을 의미했다. 키워드는 '공업화'로 정의할 수 있다. 키워드 '정보화'로 정의 내려지는 3차 산업 혁명은 1960년대 이래 반도체와 컴퓨터, 인터넷의 발달이 영향을 끼쳤다. 노동부담이 이전 시대보다 대폭 축소되는 시대가 열림에 따라 컴퓨터혁명 또는 디지털혁명으로 명명됐다. 그리고 초연결, 초지능으로 정의되는 4차 산업혁명은 '지식'을 자본으로 급속도로 우리의 생활 속에 침투하고 있다.

4차 산업혁명은 온라인과 현실 두 개의 공간이 결합된 속성을 가지고 있다. 기존 산업혁명이 물리적 공간과 사이버 공간으로 나뉘었다면 4차 산업혁명은 '초연결'의 의지를 담고 있다. 인터넷, 모바일을 넘어 증강현실, 인공지능, 빅데이터, 3D프린팅, 사물인터넷이 형태를 드러내고 자리를 잡아가고 있다. 공간의 불연속성을 빠른 속도로 해결하고 연결 짓고 있다.

인터넷과 웹2.0 환경에 대한 내용을 집약한 책, <제4의 불>에 의하면 '제1의 불'을 인류 문명 발전의 결정적 역할을 한 '프로메테우스의 불'로 정의하고 있다. '제2의 불'은 산업사회를 꽃피우게 한 '전기', '제3의 불'은 대부분의 인류학자들이 인정한 '원자력'을 꼽고 있다.

'제4의 불'은 '휴먼에너지'라고 강조하고 있다. 얼핏 보면 인공지능에 의해 일자리가 줄어드는 초연결, 초지능의 시대인 4차 산업혁명과 궤를 달리하는 것 같지만, '휴먼에너지'의 타당성은 지식창업자의 기반이 되는 중요한 자산이 될 수 있다.

트러스톤 자산운용 연금교육 포럼 강창희 대표는 아시아경제지 인터뷰에서 다음과 같이 밝히고 있다. "창직 또는 1인 기업을 만들어 자신의 경쟁력을 강화하는 것이 100세 시대를 대비하는 방법이다." 강 대표의 이야기에는 이 책을 통해 전하고 있는 '월급은 국가나 회사에서 주는 것만이 아니라 스스로도 지급할 수 있어야 한다'는 의미를 포함하고 있다.

정식 등록된 직업 통계 수치를 살펴보면 우리나라 1만1655개, 일본 1만7209개, 미국 3만654개로 인구를 감안하더라도 미국에 비해 3배가량 적은 수치를 기록하고 있다. 단지 일자리가 줄어들고 있는 건지 '창직'이라는 개념이 정착하지 않은 이유인지는 면면히 살펴볼 필요가 있다. 화이트칼라의 표본으로 여겨지던 금융회사 직원에 대한 대거 구조조정 소식은 직장인이나 지식창업자에게 모두 생각할 거리를 던져주고 있다.

'평생현역', 직장인들에게는 특히 와 닿는 단어일 것이다. 직장에서는 현역의 임기가 정해져 있다. 마음대로 연장할 수 없을 뿐 더러 아이가 한창 커가는, 생각지 못한 시점에 책상을 정리해야 할 수도 있다. 이제는 한 가지 직업으로 평생 살아가기 힘든 시대에 접어든지도 꽤 오랜 시간이 흘렀다. 예전의 '노인'은 퇴직 후 편안한 '덤 인생'을 살아가는 개념이었지만 지금의 세대는 퇴직 후 30여 년을 일해야 하는, 돈이 없으면, 살아갈 힘이 없으면 암울해지는 100세 시대에 살고 있다. 그럼에도 '제4의 불'은 '휴먼에너지'라고 명명했듯이, 변화하는 세상에 인간의 오롯한 지식의 힘을 타개책으로 활용할 수 있다. 1차 산업혁명부터 3차 산업혁명까지는 존재감이 다소 미미했다면, 오히려 4차 산업혁명부터 생존의 실마리를 던져주는 것이 지식창업자가 될 수 있다.

지식창업자의 삶을 선택하고 콘텐츠를 만들고 수많은 책을 읽으며 인터뷰를 진행하고, 연구하며, 칼럼을 쓰고 강연을 하면서 생각이 든 것은 '소유의 시대'를 잊고 '공유'의 시대에 적응해야 한다는 것이었다.

히틀러의 나치즘, 크메르 루즈 정권의 문맹 통치, 무솔리니의 파시즘, 진시황의 분서갱유, 북한의 공산주의체제가 가지는 공통점은 무엇일까? 지식, 정보의 흐름, 이동을 의식적으로 통제하려 했다는 것이다. 수뇌부는 통제권과 권력체제를 무너뜨리는 데 있어 정보와 지식의 확산이 치명적인 역할을 할 것임을 알고 있었다. 폐쇄적인 권력구조일수록 네트워크를 차단하고 정보를 독점하려는 성향이 짙었다. 그들에게 '공유'는 체제의 붕괴를 의미했다.

요즘의 디지털 세대에게는 '소유'의 의미보다는 '공유'가 매력적으로 다가온다. 기성 세대가 '소유'를 위해 대부분의 시간을 투자했다면 지금은 더 나은 생산성을 위해 '공유'를 추구하고 있다. 유튜브 개인방송을 통해 공유된 지식과 즐거움에 가치를 느끼고 생산자에게 돈을 지불하거나 광고 수익이 나도록 기꺼이 도와주고 있다.

음악시장은 어떠한가. 예전엔 레코드, CD를 소유하고 눈앞에 진열해야만 소유개념이 인정됐지만 이제는 음악을 들을 때 인터넷 스트리밍 서비스에 익숙해진지 오래다. 엄밀히 말하면 물리적인 사물이나 공간을 제공한 것도 아니며, 웹상에서 공유하는 '무형의 권리'만 부여받았을 뿐인데도 공유경제에 급속히 익숙해지고 있다. 공유 경제의 의미는 원래 존재했지만 이렇게 존재감이 더 커지고 부각된 것은 사실이며 부인하기 힘들다.

<토끼와 거북이>에 나오는 토끼는 공유 시대의 시각에서 보면 더 이상 자만심에 도취된 게으른 캐릭터가 아니다. 놀 때는 놀고, 집중할 때는 창의력을 발휘하는 사람이 더 많은 생산성을 추구하고 있는 것이다. 구글, 애플을 비롯한 세계 유수의 '창조적인 생산성 지향' 기업과 국내 신문에 심심찮게 등장하는, 천편일률적인 경직구조를 타파하고 놀이문화를 추구하는 기업들이 이제 낯설지 않다.

지식창업자는 평생현역과 공유경제라는 키워드의 중심에 서 있다. 집필을 통해 나이와 시간과 공간을 뛰어넘어 독자를 만나며 배움과 지식을 공유 하고 있다. 온라인 동영상을 통해 지역에 상관없이 경험을 나누고 있다. 때로는 사이버 공간에서 벗어나 강연을 통해 직접 사람을 만나 교감한다. 칼럼을 통해 본인의 경험과 생각을 세상이라는 토양에 뿌리내리고 있다. 온라인과 현실을 자유자재로 넘나들며 지식산업시대의 선두주자로 나서고 있는 것이다. 물론 창의성의 배터리가 다한다면, 진정성이 수명을 다한다면, 끊임없는 배움과 지식쌓기에 소홀하다면, 세상을 바라보는 안목에 안개가 끼고 시야가 좁아진다면, 새로운 트렌드에 무관심하고 뒤처진다면 지식창업자도 퇴직할 수 밖에 없다.

세상을 살아가는 방법은 너무나 다양하고 각자의 인생이 달린 만큼 선택에 신중할 수 밖에 없다. 타인이 잘 닦아 놓은 길을 안전하게 걷는 것도 삶의 지혜다. 남이 가보지 않은 길, 다른 사람이 도전하지 않은 길에 이정표를 세우고 누군가를 인도하는 것도 의미 있는 삶이다.

　그럼에도 많은 선택지 중에서 아직까지 가슴 뛰는 일을 찾지 못했다면, 이 세상에 자신을 증명하는 일에 도전해 보는 것은 어떨까. 불안한 미래에 전전긍긍하지 않고, 정해진 운명이 다가오길 기다리지 않고 내가 직접 만들어가는 삶의 즐거움을 오롯이 느껴보는 것이다.

chapter. 3

지식창업자에게 플랫폼은
미래 경쟁력이다

일반적인 것을 잃을 위험을 감수하지 않으면 평범한 것에 만족해야 한다
− 짐 론 −

'플랫폼'이라 하면 버스, 택시, 기차를 타고 내리는 정류장이 연상된다. 플랫폼은 쉽게 말해 유무형의 서비스를 이용하기 위해 오르내리는 승강장이다. 원래 운송수단을 타고 내리는 공간을 지칭했지만 특정 시스템에서 이를 구성하는 기초가 되는 골격을 지칭하는 용어로도 쓰이며 인터넷, 지식기반 서비스, 컴퓨터 분야를 포함 전방위적으로 의미가 확대되고 있다.

다양한 상품을 판매하거나 판매하기 위해 공통적으로 사용하는 기본 구조, 상품 거래나 응용 프로그램을 개발할 수 있는 복합구조, 가치를 생성하는 반복 작업의 주된 공간, 사회규범상 명시적, 암묵적 합의의 의미를 지닌다.

플랫폼의 기본 속성을 연구해 본 결과, 어떤 분야의 플랫폼이건 근간은 비슷하다. 플랫폼은 본연의 승강장 구실도 하지만, 관련 서비스나 파생제품을 만들어내는 기반이다. 플랫폼은 상품, 서비스 자체가 될 수 있다. 상품의 부분인 부품이 될 수도 있고,

다른 서비스와 상호 연계되어 무형의 형태로도 변환된다.

인터넷 환경의 급격한 변화와 발전으로 기존의 방식만을 고수해서는 경쟁에서 살아남기 어려워진 것은 개인사업자나 거대기업이나 궤를 같이 한다. 아마존, 페이스북, 애플, 페이스북 등 공룡기업들은 자신들만의 차별화된 경쟁력과 플랫폼을 결합시켜 성장의 기틀을 마련했다. 플랫폼 자체가 기업 생존을 위한 핵심 포인트로 여겨지고 있는 것이다. 플랫폼의 중요성은 거대 기업에 국한된 것이 아닌 개인에게도, 특히 지식창업자에게 많은 시사점을 던져준다.

많은 기업들이 특정기술, 지식 기반의 수익경영 시스템을 만들고 끊임없이 변화하는 시장, 기업 환경에서 생존하기 위해 고군분투하고 있다. 특히 구글, 애플, 페이스북, 아마존은 기존 강자들을 물리치고 자신만의 고유영역에서 플랫폼을 디딤돌 삼아 경쟁우위 실력을 바탕으로 자리매김을 했다. 이와 다르게 휴대폰 업계의 경쟁력 자체였던 노키아는 시대의 흐름에서 밀려나 위기를 겪었고 타 기업에 인수되었다. 수십 년간 인터넷, 컴퓨팅 서비스 산업에서 전통적인 강자로 군림하며 90년대부터 2000년대 초반까지 한 시대를 주름잡았던 인텔과 마이크로소프트는 플랫폼 경쟁에서 다소 뒤처진 모습을 보였다.

왜 기업은 플랫폼 선점을 위해 노력하고 발전시키기 위해 혈안이 되어 있는 걸까? 플랫폼 선도 기업들이 플랫폼을 통해 수익 증진을 하거나 덩치를 불리고 급성장 하고 있기 때문이다. 플랫폼 유무에 따라 기업의 영속가치가 달라지고 있는 것이다. 국내와 해외를 넘나드는 다각화 경쟁, 폭넓은 소비의 행태, 기술 발전의 가속화 등으로 제품의 사용주기가 단축됨에 따라 비용을 줄이고 맞춤형 서비스를 지향하고 있는 이유도 한몫을 한다. 나아가 여러 산업을 편 가르던 영역이 플랫폼을 통해 융화되고 복합적인 수익효과를 내고 있기 때문이다.

플랫폼의 원래 의미인 승강장이 어떤 기능을 수행하는지 살펴보면, 왜 이러한 일들이 발생하는지 의미를 쉽게 파악할 수 있다. 흔히 보는 지하철 승강장을 예로 들 수 있다. 승객은 전철 비용을 지불하고 플랫폼은 승객을 목적지에 데려다 준다. 승객 개개의 목적에 의해 자발적으로 승강장에 오는 것이지, 승강장에 모여 달라고 플랫폼이 직접 요청하지 않는다. 그럼에도 항상 북적인다. 승강장에는 간식, 책, 잡지, 신문 등을 판매하는 상점이나 자동판매기가 설치돼 있다. 주변에는 상가가 형성돼 있다. 심지어 승강장 주변에는 얼굴이 비슷해 보이는 성형외과 광고모델을 앞세운 광고 등 각종 광고판이 부착돼 있다. 승강장에 많은 사람이 몰려들기 때문에 복합적인 비즈니스 환경이 구축된 것이다. 이렇게 다양한 형태의 비즈니스 형태로 기업의 가치를 내보이고 수익 창출도 이루는 곳이 플랫폼이다.

단순히 승객과 교통수단의 접점이라고만 생각했던 승강장이 수익창출 공간이 된 점을 주요 기업의 인프라와 비교해 보면 비슷한 맥락을 가진다. 페이스북, 인스타그램 등 SNS 채널도 마찬가지다. 고객들에게 가입 요청을 하지 않아도 가치를 느낀 사람들은 스스로 가입 후 활동을 이어나간다. 버튼 하나면 누르면 지구 반대편 사람과 친구가 될 수 있다. 자신만의 콘텐츠가 있다면 팔로워들에게 가치를 전달 할 수 있다. 페이스북 입장에서는 스스로 가치를 만들어내는 가입자들이 많아지고 영향력 있는 '인플루언서'들이 활발하게 활동할수록 시장이 커지는 것에 미소 지을 수 밖에 없다. 그 안에서 자발적으로 무수히 많은 가치 교환이 일어나고 거래가 발생하며 기업의 수익이 늘고 광고가 되기 때문이다. 플랫폼을 가진 기업도 이득이고 가치를 느끼는 개인에게도 이득이다. 이런 점에서 기업 뿐 아니라 지식창업자도 플랫폼에 대한 이해를 높여야 하며 직접 가치를 만들어가는 토대로 활용해야 하는 것이다.

플랫폼은 단기간에 투자 대비 높은 성과를 제공한다. 제품 및 지식서비스 생산과정에서 공유할 수 있는 토대의 플랫폼만 조성하면 그 후에는 고객들이 스스로 가치를 생산하기 시작한다. 엄밀히 말하면 인스타그램은 사진을 올릴 수 있는 기반만 조성한 것이지 인스타그램의 대외 이미지를 만들어 가는 것은 사진을 올리고 기능을 충실히 사용하는 고객들인 것이다. 특히 애플처럼 플랫폼을 공유한다면 기업도 예상치 못했던 결과를 가져온다.

애플이 앱스토어 서비스를 시작했을 때 앱의 개수는 몇 개 없었지만 2013년을 기점으로 100만개에 이르렀다. 국내외 유명 개발자가 모두 모여 들어도 개발할 수 없는 수치였다. 고객들이 스스로 앱을 만들어 시장에 내놓으면서 덩치는 커졌고 애플의 주가는 더욱 올라갔다.

지식창업자의 플랫폼은 기본적으로 네트워크 기반을 가진다. 네트워크의 일정 규모에 먼저 진입한 선점 사업자와 후발주자는 격차가 점점 벌어질 수 있다. 한 번 성공한 플랫폼은 고객이 늘어나고 규모가 확장된다. 카카오톡이 선점효과 특수를 누리면서 후발주자 대비 가공할만한 가입자 수치를 등에 업고 물량 공세를 이어나가는 모습에서 이를 찾아볼 수 있다.

플랫폼은 이 네트워크의 속성을 지니고 유지하고 전달한다. 오픈마켓, 소셜커머스는 판매자와 구매자를, SNS는 다양한 개인들을 연결시켜 교류나 거래를 촉진한다. 즉, 플랫폼은 수요자와 공급자, 개발자와 사용자, 프로슈머가 서로 원하는 것을 주고받는 공간이므로 참여자가 많아지면 많아질수록 네트워크 효과가 발생하고 이로 인한 가치가 극대화한다.

이 중심에 지식창업자가 자리를 잡는다면 자신의 신념이 담긴 가치를 무한대로 담아낼 수가 있다. 가치를 느낀 고객들은 스스로 파생가치를 만들어내며 네트워크를 다져간다. 자신의 신변잡기를 올리는 간단한 플랫폼을 조성한 유튜브는 고객들이 스스로 만들어가고 쌓아가는 동영상이 수익의 원천이 됐다.

지식창업자는 사무실은 필요 없지만 자신의 가치를 전달할 대상과 유형, 무형의 공간이 필요하다. 매번 시장에 나가 불특정 다수에게 자신의 지식을 전달하기에는 시간상, 공간상 손실되는 것들이 많다. 플랫폼은 거대기업들의 전유물이 아닌 개척하는 사람의 것이 된다. 끊임없이 생각하고 실행하는 사람이 쟁취할 수 있다. 취미로 가볍게 시작했더라도 인스타그램, 페이스북, 블로그, 트위터 등 모든 소셜 채널과 오프라인 기반의 플랫폼이 모두 지식창업자의 소중한 지식 텃밭이 될 수 있음을 잊지 않았으면 한다.

chapter. 4

완벽한 시스템도 일단 첫걸음을 떼야 구축할 수 있다

남들이 당신에게 던진 벽돌로 탄탄한 기반을 쌓을 수 있어야 성공한다
– 데이비드 브링클리 –

중국의 조나라 혜문왕은 전국에서 제일가는 아름다운 구슬을 가지고 있었다. 진나라 소양왕은 이 구슬에 매혹됐고 갖고 싶다는 욕구로 밤잠을 설쳤다. 결국 소양왕은 혜문왕에게 성과 구슬을 맞바꾸자는 제안을 했다. 이에 혜문왕은 근심에 차 며칠 밤을 고민했다. 진나라의 제안을 받아들이지 않으면 자국에 해를 입힐 것이 분명했다. 혜문왕은 제안을 뿌리치기 힘들다는 결론을 내렸고 구슬을 전하기로 결심했다. 지혜로운 신하였던 인상여에게 구슬 전달의 임무를 맡겼다. 진나라에 도착한 인상여가 소양왕에게 구슬을 전했으나, 소양왕은 구슬만 챙기고는 맞바꾸자던 성에 대한 언급은 일절 하지 않았다. 이에 인상여는 생각에 잠긴 후 말을 이어갔다.

"왕이시여 그 구슬에는 잘 보이는 않는 흠집이 있습니다, 제가 그 부분을 알려드리겠으니 잠시 돌려주시지요." 소양왕은 별 의심 없이 구슬을 인상여에게 돌려 주었다.

구슬을 건네받은 인상여는 기둥에 서서 약속을 지키지 않으면 구슬을 깨고 자신 또한 자결하겠다고 언성을 높였다. 그리고 살며시 부하에게 구슬을 건넨 후 조나라로 돌려보냈다. 소양왕은 분노를 참기 어려웠지만 약속을 지키지 않는 왕이라는 소문이 날까 두려워 인상여를 자국으로 돌려보낼 수 밖에 없었다.

　'완벽(完璧)'이라는 말은 이렇게 '흠집이 없이 돌아온 구슬'에서 유래했다. 시대가 흐르며 완전무결한 사람 혹은 행동 자체를 지칭하는 의미로 변화했다.

　이 세상은 하나의 살아 있는 유기체와 같다. 어제와 오늘의 총인구가 다르고 누군가는 취업이 되고 누군가는 실직을 하며 조직의 일부가 되기도 하고 반대로 떨어져 나가기도 한다. 철권통치의 공산주의가 시대의 흐름에 의해 붕괴되거나 일부 국가는 시대에 역행해 철옹성 같은 극단체제를 유지하기 위해 안간힘을 쓴다. 4월과 5월의 기온이 차이가 나며 예년의 벚꽃 개화 시기가 올해는 어긋난다. 예측은 하지만 5년 후, 10년 후 확실히 어떤 일이 발생할지 알 수가 없다. 매해 노벨상 수상을 위해 각각의 논문이 쏟아지며 신종기업의 출범식이 있으며 기존 기업들은 살아남기 위해 인수합병을 한다. 학자들은 지적탐구를 위해 연구하고 매해 새로운 성과를 발표하고 세간에 적용하며 일반에 공개한다. 우리는 인간의 신체 안에서 일어나는 세포의 융합과 분열, 신체기관의 성장과 노화처럼 단 한순간도 정지해 있지 않는, '세상'이라는 거대 유기체 안에 살아가고 있다.

이러한 변화들은 자연현상에서도 기인하지만 누군가의 끊임없는 움직임에 의해 일어나고 있다. 탐구하고 창조하며 도전을 하면서 패배 후 성취하는 사람들이 결과물을 만들어내고 있다. 누군가는 머리속에 심어진 씨앗을 구체화 시키기 위해 발걸음을 뗐고 또 다른 누군가는 실행에 주저하며 생각만 하며 살아간다. 누군가는 완벽한 때를 기다리며 시간을 흘려보내고 누군가는 일단 시작을 하고 경험하고 체득하며 보완해 간다.

인생을 준비하고 사업을 준비하는 데 있어 완벽을 기하는 것은 중요하다. 일어날 변수에 대해 충분히 생각하고 예상하며 최악의 수를 줄여나갈 수 있다. 하지만 30대, 40대를 거쳐 은퇴에 이르기까지 시간은 마냥 자신의 편이 아니다. '완벽'이라는 것은 범위가 정해져 있지 않다. 시작의 범위가 정해져 있지 않다면 준비하는 시간도 늘어진 고무줄처럼 기약없이 흘러간다. 시작할 기간을 정하고 그 기간이 도래했다면 주저없이 첫 발걸음을 떼는 것이 중요하다. 지금 누군가는 1년째 생각만 하고 있지만 누군가는 시작을 통해 몸으로 체득하고 지식을 양산하며 자신만의 울타리를 넓혀가고 있다. 절박하고 절실한 마음이 있다면 무한한 에너지를 농축시켜 준비기간을 앞당기고 1년 걸릴 일을 6개월, 3개월로 압축한 삶을 살아갈 수 있다.

직장생활을 하면서 주말이 되면 많은 사람들을 만났다. 내가 누리는 단편적인 세상 밖에서 살아가는 사람들을 만나고 싶었다.

수년간 운영중인 동호회 회원들을 만나 세상사는 이야기를 듣고 근심거리를 공유했다. 일면식도 없었지만 감명깊게 읽었던 책의 저자에게 만남을 요청했고 그들의 책과 일, 인생에 대한 이야기를 나눴다. 책 집필을 위해 유명인사 인터뷰를 진행했다. 이 모든 사람간의 관계들이 내게는 돈으로 살 수 없는 무형의 자산이 됐다.

대형 이벤트 회사가 즐비하지만 그 틈새를 비집고 1인 프리랜서 기획자로서 게임콘텐츠, 이벤트 기획 콘텐츠를 제안하고 프로젝트를 진행했다. 생각만 하고 지레 겁을 먹었다면 1인 지식창업자로서 살아가기는 힘들었을 것이다. 때로는 훌쩍 여행을 떠나기 위해 기차를 탔지만 갑자기 떠오른 원고 글감 때문에 플랫폼에서 내린 후 집으로 뛰어갔다. 3주간 원고작성에만 매달렸다. 집필을 마치고 홀가분한 마음에 다시금 기차에 올라타 여행을 떠났다. 지금 이 순간을 놓치고 싶지 않은, 가슴이 뛰는 몰입의 결과였다.

'몰입'의 사전적 정의는 '어떤 대상에 깊이 파고들거나 빠짐'이다. 몰입은 어떻게 하면 만들어질 수 있을까? 사자에게 쫓기는 톰슨가젤은 생존을 위해 안간힘을 쓰며 몰입하며 달린다. 몰입은 절박하고 절실한 위기 상황에서 나온다. 하지만 이는 수동적 몰입이다. 수동적 몰입은 생존을 위해 어쩔 수 없이 하는 몰입이다. 이 자리를 보전하기 위해, 싫은 업무임에도 경쟁에서 살아남기 위해, 스트레스 호르몬과 과몰입이 결합돼 또 다른 스트레스를 낳는다.

반대로 좋아하는 일을 하면 '자발적 몰입'이 일어난다. 취미에 몰두해 고개를 들어보니 순식간에 몇 시간이 흐른 경험을 떠올려 보면 쉽게 이해된다. 사람이 몰입효과를 누리면 뇌신경에 도파민이 분비된다. 도파민은 신경전달물질로, 쾌락, 행복감, 몰입의 감정을 느끼게 한다. 적절한 양의 도파민이 분비되면 적극적이고 의욕 충만한 상태가 되며 몰입효과의 극대화가 가능하다. 자발적 몰입에 돌입한 사람은 시작과 준비, 끝의 경계도 사라진다. 준비가 없이 시작이 일어나며 끝을 맛보기 전에 다음 준비가 진행되고 또 다른 시작이 이미 가슴 속에서 싹을 틔우고 있다. 인생에 대한, 도전에 대한 주저함이 덜어진다.

지식창업자를 둘러싼 많은 환경변화들에 대처하는 방법은 끊임없이 세계를 관찰하고 자신이 운신할 곳을 찾는 것이다. 망원경으로 주위만 둘러보는 것이 아닌 현미경을 가지고 속내를 들여다봐야 한다. 자신이 도전할 분야를 의식적으로 찾아내고 선점하고 활용하고 영향을 끼치며 자신의 능력을 몰입으로 이끌어내야 한다. 좋아하는 일을 업으로 삼고 그 에너지를 원천으로 자신의 온전한 실력만으로 세상에 자신을 드러내야 한다. 완벽한 준비 전에 일단 첫 발걸음을 떼는 것. 지식창업자에게는 더 이상 단순한 첫걸음이 아니다.

chapter. 5

스몰 비즈니스를 위한 수익 시스템

비전만 쫓다 보니 방향을 잃었다
- 로빈 그린 -

사람은 돈에 얽혀 생과 사를 함께 한다. 어머니 뱃속에 있을 때부터 인생은 적자로 시작할 준비를 한다. 경제력이 없는 학창시절도 등록금을 내며 마이너스 인생으로 살아간다. 잠시 동안 직장생활을 영위하며 적자를 남는 돈으로 전환하는 기간이 찾아오고 부단히 애를 쓴다. 얼마동안은 안정기가 유지된다. 하지만 퇴사나 퇴직을 하게 되면 다시 적자 인생을 이어간다. 생애 기간 동안 수입이 생기는 기간은 턱 없이 한정적인데 비해 지출은 평생 이루어지는 것이다.

돈을 쫓는 인생을 살지 말라는 이야기를 흔히 듣는다. 돈이 자신을 쫓아오게 만들라고 말이다. 의미는 있지만 현실적으로 쉽지만은 않은 일이다. 돈에 연연하지 않고 수도승처럼 자연과 함께 살아가지 않는 이상 사람은 돈과 동 떨어져 살아갈 수가 없다. '행복하다'는 말도 최소한의 물질적 기반이 있어야 스스럼없이 입에서 나올 수 있다. 의식적으로 어떻게 돈을 벌겠다는 굳은 의지를 다지지 않는 이상, 아무것도 하지 않는다면 자연스레 통장에 돈이 입금 되는 일은 없다.

10여 년 간 조직생활을 했고 지금은 180도 바뀐 삶을 살고 있다. 두 가지 삶을 모두 겪으며 돈에 대한 관점이 바뀌고 돈을 대하는 태도가 바뀌었다.

직장인일 때는 절약만이 미덕인 줄 알았다. 수입의 70% 이상은 저축을 했다. '저축만 하면 이 돈으로 무엇이라도 하며 먹고 살 수 있겠지'라는 생각이 들었다. 차츰 직장 연차가 높아질수록 생각은 바뀌었다. 저축만으로는 내가 원하는 삶을 살 수 없을 것이라는 불안감과 확신이 교차했다. 희망퇴직을 권하는 시대, 체감 퇴직 연령은 높게 잡아도 50세 전후다. 특별한 기술이 없다면 은퇴와 동시에 얼마간의 퇴직금과 저축만으로 남은 인생 30여 년을 버텨야 한다. 생산적인 일을 할 수 없는 상태에서 버티는 인생이 길어지면 돈은 둘째 치고 마음이 파괴된다. 혼자만의 삶이 아닌 가족을 부양하는 입장이라면 가슴이 탁탁 막히는 시기가 찾아온다. 수입이 없이 지출만 있는 삶은 생각보다 더 괴롭다. 통장 잔고가 줄어들 때마다 가슴 졸이며 자신감도 줄어든다. 오히려 더 돈에 집착하게 되고 자괴감에 빠지기 쉽다. 이러한 생각이 교차하며 돈을 위한 저축보다는 스스로에게 투자하는 쪽으로 방향을 선회했다.

직장에서 얻은 것은 조직생활과 대인관계에 대한 내성, 일을 하는 방법, 사회구성원이 된 자부감, 얼마간이지만 안정적 재정상태를 유지할 수 있다는 것이었다. 분명 얻은 것이 많고 고마운 곳이지만 진정한 꿈은 찾지 못했다. 어찌 보면 직장에서 꿈을 찾으려 노력했던 것이 잘못된 것이었을까. 직장에서 꿈을 찾고 자아형성을 하는 사람이 부러웠다.

퇴직할 때가 돼서야 원하는 일을 찾기 위해 주위를 두리번거릴 모습을 상상하니 스스로 미래를 개척해야겠다는 마음이 강해졌다. 직장에 다닐 때는 돈을 버는 방법은 인지하지 못하고 주어진 일에만 매몰돼 살았다. 지금은 수익을 다각화 하는 시스템을 공부하고 적용하며 살아가고 있다. 일을 해야만 반대급부로 부가적인 돈을 받는 구조에서 가치를 만들어내고 수익을 창출하는 구조로 바뀌었다. 돈을 지급받는 구조에서 이제는 돈을 살아 숨 쉬게 지휘하고 있다. 누군가 내 인생을 그려주는 것에서 스스로 인생을 그리는 단계에 들어섰다.

지식창업 강의를 하면서 강조하는 것이 있다. 모든 사람이 창업으로 성공할 수는 없다는 것이다. 독립을 위해서는 자기 확신과 리스크를 뛰어넘을 만한 무기를 가져야 한다. 자신의 배움과 지식을 무기로 지식창업에 대한 이야기를 들려주고는 있지만, 직장생활에 최적화된 사람은 조직을 떠나지 않는 편이 낫다. 어느 분야에서건 자신이 만족하는 곳에서 최선의 방법으로 살아가는 것이 후회하지 않는 인생이다. 그럼에도 직장생활에서 비전을 찾지 못하고 퇴직 후의 인생도 막막하다면 가슴 뛰는 도전을 해볼 가치는 충분히 있다.

　지식창업은 스몰비즈니스다. 작게 시작하지만 크게 이루어
내는 것이 목표다. 적은 비용으로 가치를 만들어내고 판매한
수익으로 자신의 재능에 재투자하는 선순환이 이루어져야
한다. 1인 창업일 경우 자신의 몸 자체가 '걸어다니는 기업'이다.
한마디로 자신이 움직이면 기업 시스템이 활성화 되고 자신이
멈추면 모든 공정이 멈추게 된다. 이를 방지하기 위해서 자신이
움직이지 않아도, 특정장소에 가서 노동을 하지 않아도, 잠을 잘
때도, 여행중이더라도 수익이 창출되는 시스템을 갖추는 것이
지식창업자의 최대 관건이다. 지식창업자들이 현금흐름의 대체
방법으로 택한 것들은 몇 가지로 나눌 수 있다.

첫 번째, 저작권 인세 수익
　가장 전통적인 자동 수익화 방법이다. 자신만의 콘텐츠, 즉
저작권을 가진 사람들은 시간과 공간에 구애받지 않고 상품의
가치를 수익으로 인정받을 수 있다. 그 중에 대표적인 것이 저작권
인세이다. 인세는 저자, 작곡가들의 저술, 창작의 노력에 대한
반대급부로 지급된다. 유명 작가들은 인세로 적잖은 수익을 보장
받지만 모두에게 해당되지는 않는다. 인세 수익보다는 자신의
창작물에 대한 수고비 정도로 여기고 '없는 돈이다'라고 생각하며
지내면 마음 편하다. 이러한 마음으로 지내다 보면 의외의

수익성에 뿌듯하고 다른 가치에 투자할 마중물로 활용할 수 있다. 직장에 다니며 책을 쓴다는 것 자체가 도전의 경험이며 자산이 될 수 있다. 책을 쓴다고 해서 인생이 180도 변하지는 않는다. 수많은 도전 중의 일부일 뿐이다. 자신의 사상과 경험을 내보이고 미래를 만들어갈 수 있는 작은 디딤돌이 생기는 것과 같다.

두 번째, 특허 출원

자신의 직무 외에 다른 문제 해결에 대한 접근을 하다 보면 의외의 아이디어가 나오는 경우가 많다. 특허 출원을 통해 자신의 사업을 가속화 할 수도 있지만 직장에 다니며 사업을 유지하기가 쉽지는 않다. 이럴 경우 특허 협상을 통해 상대방이 제시하는 가치에 대한 금액제공을 수익화 할 수 있다. 특허 강의를 통해 아이디어 발상 기술 방법을 사람들과 나눌 수도 있다. 전문적인 취미 분야를 만들어 내거나 자신의 직무와 다른 분야에 관심을 갖다 보면 의외의 발상을 떠올릴 수 있다. 특허출원에 실패하더라도 스스로 공부한 가치는 사라지지 않는다. '생각'이라는 자산은 '배움'을 통해 지식이 되고 지식은 당장은 무형으로 보이지만 작은 퍼즐조각이 명화를 만들 듯 지식창업자에게는 큰 무기가 될 수 있다.

세 번째, 주식, 경매, 부동산 수익 시스템

3가지 분야의 경우 노력 없이 큰 수익을 낼 수 있다는 감언이설은 더 이상 통하지 않는다. 상당한 수익을 올리고 있는 사람이 있다면, 반대로 적잖은 마이너스를 감당해야 하는 사람도 있다. 단기간, 장기간 가격변동이 있는 시장에서 이론식 분석에 얽매여 차익을 노리는 방법은 직장인에게는 리스크가 크다. 시세차익만을 노리는 자본수익을 바라기보다는 단편적인 월급시스템을 보좌하는 방법으로 접근해야 한다. 작지만 꾸준한 현금 흐름이 월급의 반을 차지하고, 그 이상을 상회할 수 있을 때까지 해당 분야의 공부가 필수적이다. 운도 따라야겠지만 쌓이는 지식만큼 월급 외 수익을 만들어 낼 수 있는 확률을 높여가는 방법이다.

월급은 정해진 금액 한도 내에서 쪼개 쓰는 것에 익숙하게 만든다. 이 절대량을 늘릴 필요가 있다. 컴퓨터가 고장나 PC방에 갈 돈을 고민했던 시기를 보내다가, 월급을 한 푼도 쓰지 않고 부가 수익만으로 생활을 영위하게 되면서 돈의 흐름이 원활해짐을 온몸으로 체험했다. 월급에서 모든 생활비를 쪼개고 나누는 습관에서 벗어나면, 급여는 '저축 및 비상금'으로 부가수익은 '자기투자'의 새로운 활로로 나누어 개척할 수 있다.

경제적으로 무한한 자유를 누리고 살아가기는 쉽지 않다. 월급 의존형 삶에서 벗어나 스스로 수익을 창출하고 자신의 브랜드를 만들어가는 인생을 꿈꾸고 있는가. 작더라도 현금 흐름을 대체할 수익 시스템을 가지고 싶은가. 그렇다면 막연한 저축보다 철저하게 자신에게 투자하는 것이 현명하다. 이 투자는 공부에서 시작하고 지식이 밑바탕이 되어야 한다. 지식은 그 자체로 지식창업자들의 큰 자산인 것이다.

chapter. 6

지식 창업자, 세상을 바꾸는 끌리는 글쓰기 스킬

글쓰기는 글쓰기를 통해서만 배울 수 있고 글쓰기를 통해서만 실력이 는다
- 나탈리 골드버그 -

우리는 눈에 보이지 않는 무형(無形)의 정신세계를 탐험함과 동시에 온갖 사물이 실재(實在)하는 유형(有形)의 세상에 살아가고 있다. 피곤하고 경쟁 지향적인 유형의 세계에서 혼신의 힘을 다해 힘을 쏟으며, 저녁이 되면 눈을 감은 채 꿈을 꾸는 무형의 세계에 돌입한다. 꿈이 있는 사람은 깨어 있을 때에도 항상 꿈을 꾸고 목표를 현실화하기 위해 혼신의 힘을 다한다. 눈에 보이지 않는 머릿속의 아이디어와 신체적인 감각, 지혜를 지식화하고 드러내, 눈에 보이는 세상에 유형의 형태로 전달한다. 이렇게 애초에 누군가의 생각, 상상에서나 존재하던 TV, 아이폰, 자동차, 컴퓨터, 자전거, 비행기가 유형의 세계에 모습을 드러냈다.

이렇게 사람은 매일 무형의 세계와 유형의 세계를 넘나들고 있다. 글을 쓰는 것도 무형의 세계와 유형의 세계를 넘나드는 한 방법이다. 머릿속에서만 존재하는 자신의 철학, 생각, 경험, 의지, 공감들을 유형의 세상 밖으로 표출한다. 글을 통해

공감하고 위안을 받고 가르침을 주며 지식을 건넨다. 우리는 항상 글쓰기를 하며 살아간다. 문자메시지부터 짧은 편지, 논문, 레포트, 자기소개서, 이력서, SNS, 광고카피 등 생활과 산업 전반에 녹아있다. 그럼에도 항상 글을 쓰기를 주저하고 낯설게 느끼는 이유는 무엇일까?

우리는 읽고 듣는 것에는 익숙하게 살아왔다. 정해진 커리큘럼대로 10년이 넘는 학창시절 동안 듣고 받아들이고 익히는 것에 거부감 없이 성장했다. 누가 많이 외웠나, 암기대회인 양 시험 시작 5분전까지도 외우기 정신없었던 내용을, 시험지가 주어짐과 동시에 답으로 써내기 바빴다. 스스로 생각한 내용을 글로 풀어내는 방법을 배우기 쉽지 않았다. 누군가가 항상 정형화된 인생 방정식을 주입해 주고 그에 대한 답과 오답을 가려내는 것에만 집중했다. 어려서부터 받아쓰기 점수에 연연했고 책을 읽은 주관적인 생각, '독후감'에도 점수가 매겨졌다. 듣고 읽는 데에 익숙해져 가는 대신 '쓰기'와 '말하기'는 멀어져 갔다.

지식창업자로 살아가기 위해서는 듣고 읽는 능력에 더해 쓰기와 말하기가 전방위적으로 순환 되는 삶을 지향해야 한다. 자신의 단편적인 생각만으로 세상에 도전할 수 없기 때문에 '책 읽기'를 통해 선구자의 지혜를 익힌다. 강연을 하며 '말하기' 훈련을 한다. 청중과 독자의 피드백을 '듣고' 참고해야 한다. 또 집필을 통해 독자와 만나기 위한 '쓰기 훈련'에 집중한다.

읽고, 듣고, 말하는 것은 임기응변식으로 살아갈 수도 있는 영역이지만 쓰기의 영역은 임기응변식 대처로 순간을 넘기기에는 한계가 있다. 자신의 생각을 정립하고 지식으로 탈바꿈시키기 위해서는 노력과 숙성의 시간이 필요하다. 대부분의 지식창업자들은 글쓰기에 대한 접근법을 다음과 같이 정의하고 있다.

첫 번째, 책 읽기는 '글샘'을 터뜨리는 뇌관의 역할을 한다.

글쓰기는 아는 힘, 읽는 힘에서 나온다고 해도 과언이 아니다. 하얀 백지장과 맞닥뜨렸을 때 배경지식이 있느냐 없느냐의 차이는 첫 문장 쓰기에 소요되는 시간을 결정짓기도 한다.

모든 일은 우연과 필연의 묘한 줄타기를 벌인다. '사라예보에서 울린 총성'이 1차 세계대전의 발화점이 된 것은 우연처럼 보일 수도 있지만 그 이면에는 수많은 이해관계가 얽혀 있었다. 글쓰기도 우연히 발상이 떠올라 터진 '글샘'을 주체하지 못하고 한 움큼씩 글을 쏟아내기도 한다. 하지만 이러한 우연 같은 일에도 기존의 단편조각처럼 흩뿌려져 있던 배경지식의 힘을 간과할 수 없다.

두 번째, 일상의 모든 소재가 글감이다

블로그에 칼럼형식의 글을 쓰는 것, 페이스북에 멋진 글귀와 자신의 생각을 적는 것, 트위터에 짧은 어구를 남기는 것, 마케팅 글쓰기 등 모두 좋은 글감이 있다면 수월하게 접근할 수 있다. 지식창업자들은 콘텐츠가 떠올랐을 때 글로 표현하기 위한 자료 수집을 한다. 고대시대부터 중세시대, 조선시대, 유럽, 아시아 등 시간과 공간을 뛰어넘어 최대한 많은 글감을 얻어낸다. 자료를 수집하는 단계가 글감 뿐 아니라 생각을 정리하는 시간으로 활용된다. 집필할 원고가 떠오르면 그 주제를 항상 머리속에 머금고 일상을 살아간다. 영화를 볼 때나 마트를 가도, 동네 산책을 하더라도 항상 글감을 우선적으로 찾기 위해 사방을 둘러본다. 집중하고 의식하고 살아가는 삶이 지식창업자의 필수 덕목이다.

세 번째, 상대방을 변화시키는 글쓰기

저서 <동물농장>으로 유명한 영국 소설가, 조지 오웰은 글쓰기의 목적에 대해 다음과 같이 말했다. "글을 통해 다른 사람들, 나아가 사회를 변화시키겠다." 책을 포함 글을 통한 역사 기록이 없었다면 사회를 발전시키기 위한 초석이 부족했을 것이다. 글의 기록성은 당대와 후대까지 변화시키는 거대한 힘을 가지고 있다. 고객과의 관계를 중요시 하는 지식창업자에게도 글쓰기의 중요성은 상당하다. 메일을 통해 교감하고 강연 후기로 피드백을 받는다. 독자의 서평을 참고해 후속 집필에 역량을 쏟아 붓기도 한다.

네 번째, 글쓰기는 지식의 생산과정이다.

글쓰기를 위해 스스로 질문하고 해결책을 모색하는 과정에서 새로운 지식이 생성된다. 자신만의 독창적인 방법은 창의성에 입각해 독자적인 콘텐츠로 발전할 수 있다. 독서서평도 자신만의 관점으로 지식을 재생산했다고 볼 수 있다. 사람의 관점은 천차만별이므로 독창적인 관점의 재해석은 새로운 지식을 양산하는 첫 걸음이 된다. 결국 글쓰기와 지식생산은 연관되어 있고 보완적이다. 글쓰기를 하기 전 질문과 답의 과정을 통해 일련의 콘텐츠가 마련되지만 글을 쓰는 도중에 지식이 생성되기도 한다. 무조건적인 습득이 답이 아닌 생산과 새로운 지식에 대한 통찰력이 또 다른 지식을 잉태하는 것이다.

<세가지 이야기>의 프랑스 작가 귀스타브 플로베르는 다음과 같이 말했다.

"글을 쓰면서 우리는 더 이상 자신에게 머물 필요가 없고,
자신이 창조한 우주에서 움직일 수 있다."

글을 쓴다는 것은 자신의 정신세계와 세상의 글감을 융합시켜 조화롭게 내놓는 지식서비스와 같다. 이 지식서비스를 만들어가는 사람이 지식창업자다. 자신만의 세계에 갇히지 않게 도와주는

것이 세상을 향한 글쓰기다. 세상과 통하는 경로에 자신만의 글을 써나가야 하는 이유이다. 그만큼 글쓰기는 지식창업자가 기본적이되 핵심적으로 지니고 있어야 할 재능이자 부가가치 생산능력이다. 이 세상에 못 읽을 책도 없고 못 써나갈 글도 없다. 세상을 바라보는 시야만 유연하고 넓게 가진다면 지식창업자로 살아가는 무기를 갖추는데 힘이 덜 들것이다.

chapter. 7

한 권의 저서는 세상에 나를 증명하는 콘텐츠의 정점이다

고개를 들어라. 각도가 곧 태도다
– 프랭크 시나트라 –

원시시대 동굴은 인간의 다채로운 의식이 이루어지던 공간이었다. 특정 의식을 통한 풍족한 사냥, 씨족 사회의 번영을 추구하는 의미를 담기 위해 춤, 음악, 시, 기호로 표출했다. 이 다양한 행위들은 근대 예술의 초기 형태라기보다는 일종의 표현법, 기호체계로 보여진다.

초기 인류는 벽에 기호를 써나가며 집단의 정체성을 확인했다. 사냥과 채집이라는 공동체 유산이 기록되고 여러 의례를 통해 공동체 의식을 확인하는 공간이 동굴이었다. 인간은 정신세계의 수많은 의미들을 객관화시킨 기호로, 또 사회적으로 약속된 특정한 의식을 통해 공유하고 기록을 남기는 유일한 존재이다. 이 기록은 세대를 뛰어넘어 전달되고 전파된다. 인간은 문자와 기호를 통해 시공간을 초월해 현재 자신의 자아를 확인하고 또 누군가의 자아를 확립시키고 있다.

오늘날에도 책을 통해 인류의 역사부터, 철학, 경제, 전쟁, 심리,

사회문화 등 다양한 방면에 걸쳐 기록이 이어지고 있다. 시대는 변했지만 책을 쓰고 읽는 큰 물줄기는 같은 맥락을 가진다. 인간은 지식 충족에 대한 기본 욕구가 있다.

인간은 본능적으로 혹은 주위의 도움만으로 인생을 꾸려 나갈 수도 있다. 사실 우리의 과거를 돌아보면 기적 같은 삶을 이루어내고 있다. 손과 발을 모두 지면에 대고 기던 아이가 스스로 2족 보행을 이루어 낸 것, 마치 지구에 온 외계인처럼 말 한마디 하지 못했던 아이가 몇 년이 지나 능수능란한 언어를 구사해 내는 것. 우리의 변화를 너무나 당연시 여기며 인생을 살아왔지만 곰곰이 생각해보면 기적 같은 삶을 살아가고 있다. 사람은 혼자 이루어 낼 수 없는 한계에 도달할 때 즈음 지식충족 욕구가 더 생겨난다. 모든 것을 스스로 터득하고 살아가는 것에는 시간적, 물리적 공간의 한계에 부딪힌다. 역사적으로 이러한 한계의 범위를 넓혀주고 기적 같은 삶을 보충해주는 것이 책이었다.

지식창업자가 책을 집필한다는 것은 자신과 독자에게 전하는 메시지를 감안하면 그 자체로 몇 가지 중요한 의미를 가진다.

첫 번째, 책은 하나의 키워드로 집중시킨 최고의 콘텐츠이다.

고대 도서관의 책은 엘리트, 집권층의 전유물이었다. 주요 내용들은 책을 직접 읽는 것이 아니라 구전을 통해 익혔다. 책을 소장하고 싶은 사람은 직접 손품을 팔아 베끼거나, 비용을 들여

필경사를 고용하거나, 노예를 필경사로 교육시켜야했다. 이전 시대에는 정보 자체가 귀했고 지금은 정보가 넘쳐난다. 그럼에도 콘텐츠의 중요성은 유효하게 관통한다. 한 개의 집중화된 콘텐츠로 엮인 책의 전문성은 그것을 필요로 하는 사람들의 이목을 끌기에 충분하다. 많은 사람들이 원하는 정보를 가진 콘텐츠의 원작자가 된다는 것은 또 다른 콘텐츠를 만들어내는 귀중한 디딤돌이 된다. 디지털 시대, 정보화 시대일수록 콘텐츠를 엮고 설계 할 수 있는 사람이 되느냐, 콘텐츠를 소비만 하는 사람이 되느냐의 차이는 시작점부터 다르며 격차는 점점 벌어진다.

두 번째, 책을 쓰기 위해서는 문제의식이 있어야 한다.

주변에 관심이 없고 일방통행과 같은 무미건조한 삶을 살아간다면 책을 쓰기 쉽지 않다. 책을 읽는 사람과 책을 쓰는 사람 모두 주변 세계에 대한 관심이 많다는 공통점이 있다. 호기심이 많고 문제의식이 다분하다. 독자는 스스로 결핍감을 보충하고 지식을 함양하기 위해, 정서순화를 위해, 발전하기 위해 책을 읽는다. 책을 쓰는 저자도 독자들에게 양질의 정보를 알리고 스스로 성장하는 기쁨을 위해 글을 쓴다. 특히 지식창업자들은 현 상황에 대한 문제의식이 자신의 강력한 자본이 될 수 있다. 끊임없이 길어 올리는 우물 속의 물처럼 콘텐츠를 만들어내는 힘이 있어야 한다. 그 콘텐츠를 담을 그릇이 자신의 저서, 책이다.

세 번째, 사적인 메시지가 공적인 메시지로 바뀌는 힘을 가진다.

우리가 일상적으로 대화하는 것은 휘발성의 성질을 갖는다. 말하기의 파급력과 영향력도 무시하지 못한다. 국정농단 사건으로 법의 심판을 받아야 할 사람 대부분이 말의 힘을 간과한 측면도 없지 않다. 말하기만큼이나 글의 힘은 활자의 속성을 빌려 깊은 의미를 가진다. 고위 인사들의 잘못된 언행으로 이전에 저술한 책들이 문제가 되는 경우를 많이 봐왔다. 한번 인쇄된 글의 속성을 되돌리기는 힘들다. 그만큼 신중하게 한 땀 한땀 수놓은 결정체가 책이며, 그만한 노력의 대가로 공적인 메시지로 환원되는 힘을 부여받는다. 친구와의 잡담처럼 신변잡기를 늘어놓는 가벼운 속성을 뛰어넘어 자신의 이름을 내걸고 혼신의 힘을 다해 저술해야 하기에 진정성이 최고의 미덕이 된다. 이 진정성은 저자의 인생에도 힘을 실어주고 책을 읽는 독자에게도 문제해결의 실마리를 제공한다.

네 번째, 책을 쓰는 것 자체가 인생공부다

책은 일기장처럼 자신의 생각만 나열하는 것과 다르다. 200페이지에서 300페이지 분량의 책을 쓰기 위해서는 생각정리부터 현장답사, 인터뷰, 전시회 참여, 참고문헌 탐독 등 전방위적인 인생공부가 시작된다. 책을 집필하면서 여러 방면으로 열린 생각을 하게 되며 새로운 지식을 쌓고 인생에 적용하기 시작한다. 한 권의 책을 집필하고 나면 스스로 한 분야의 전문가 지식을 쌓게 된다. 책을 읽는 것 뿐 아니라 집필을 하면서 자연스럽게 인풋과 아웃풋의 공부 효과를 얻는다. 한 권의 집필이 또 다른 콘텐츠 기획으로 이어지며 세상에 대한 이해도가 높아지고 지식창업자의 필수덕목인 문제해결 능력이 배가된다. 쓰는 것 자체가 인생공부의 시작이며 집필을 완성했을 때는 또 다른 공부를 시작할 힘이 축적된다.

책은 인류가 만든 초유의 작품으로 과거의 기억을 기호로, 문자로 가치 있게 계승해 왔다. 이제 여러분의 기억과 지식, 경험, 노하우를 한 권의 책으로 집필해 보는 것이다. 누군가의 문제 해결사가 될 수 있다. 자신의 문제도 책으로 해결해 갈 수 있다.

책은 과거에서 벗어나 미래를 공감하며, 기록되지 않으면 헛되이 흘러가는 현재에 '의미'를 부여한다. 현재를 초월해 시간과 공간의 경계까지 허물어 버린다. 지금 자신이 쓴 책을 수십 년 후 누군가 손에 들고 고개를 끄덕이며 읽을 상상을 해보면 알 수 있다. 우리가 다산 정약용 선생의 책을 지금도 눈여겨 보는 이유이다. 지식창업자의 창조적인 능력을 오롯하게 증명해낼 수 있는 한 권의 집필. 수개월, 수년이 걸리더라도 단 한권의 저서를 써내려 간다면 자신의 존재를 세상에 알리고 한 명의 독자에게라도 좋은 영향력을 끼칠 수 있는 보람을 느낄 수 있을 것이다.

인간은 수세기 동안 작품을 생산하고 창조자로서의 경험을 했다. 그들의 작품에 대해 논하면서 공동의 문화 공감을 이루고 있다. 과거에도 그랬고 현재도, 미래도 마찬가지다. 이 대열에 지식창업자가 빠질 수 없는 이유는 단 하나, 지식 창조자이기 때문이다.

chapter. 8

지식창업자를 위한 최적화 책쓰기 키워드

이 책의 앞표지와 뒤표지는 너무 멀리 떨어져 있다.
– 앰브로즈 비어스 –

그리스어 'stereos'와 'typos'는 각각 '단단한', '인쇄'를 의미한다. 합쳐보면 '단단하게 인쇄된 자국'으로 풀이된다. 이렇게 'stereotype'은 정형화된 '고정관념'을 뜻한다. 본래 이 '스테레오타입'은 프랑스 인쇄업자인 페르맹 디도가 개발한 '연판 인쇄'를 가리킨 말이었다. 연판 인쇄는 활자가 닳아 없어지는 것을 방지하고 인쇄 효율을 높일 수 있었다. 고정관념의 의미를 확장시킨 것은 미국 칼럼니스트 월터 리프먼이었다. 그는 1922년 발간한 저서 <여론>에서 "우리는 먼저 보고 나서 정의를 내리는 게 아니라 정의를 먼저 내리고 나서 본다"라고 기술했다. 결국 사람은 모든 것을 경험하고 내다볼 수 없기에 경험에 입각해 현실을 그려낸다는 것이 '고정관념'의 의미로 발전했다. 이 고정관념은 사람의 시야를 고정화시키고 도전하려는 마음에 찬물을 끼얹는다. 책쓰기도 마찬가지다. 생각지 못한 고정관념들이 산재해 있다.

공공 기관이나 사기업, 직장인 대상 책을 쓰는 방법에 대한 강의를 하고 교육을 진행하면서 가장 많이 듣는 질문이 있다. "글쓰기를 잘해야 책을 쓸 수 있나요?" 글쓰기 뿐 아니라 어떤 분야든지 '기본기'가 있는 사람이 유리한 것은 사실이다. 운동종목에서도 기초체력이나 순발력이 좋은 사람은 처음 도전하는 종목이어도 일정 수준 이상의 실력을 뽐낸다. 기본적으로 달리기를 잘하는 사람은 다른 종목에서도 기본 이상의 성과를 낼 수 있는 것과 같다. 책을 집필하기 위해서는 기본적인 글쓰기 실력이 필요한 것은 맞다. 글을 쓰는 것에 대한 두려움이 적고 생각하고 실마리를 풀어내는 것을 즐길 줄 아는 사람이 저서를 집필하기에 부담이 없다.

마라톤이 힘든 이유는 42.195km를 달리는 거리의 압박도 상당하지만 골인지점이 명확하게 눈에 그려지지 않기 때문이다. 비슷한 속도를 유지해야 하며 비슷한 풍경이 계속 펼쳐진다. 사람은 목표가 명확하게 그려지지 않는다면 중간에 포기하려는 습성을 가지고 있다.

책을 쓰는 것도 책상 위에서 벌어지는 마라톤이라고 보면 된다. 하얗게 펼쳐진 백지장의 압박감을 느껴본 사람은 알 것이다. 머릿속에 명확한 그림이 그려지지 않으면 시간은 점점 지나가고 한 줄, 한 문장 쓰기가 힘들어진다. 글쓰기 실력 뿐 아니라 진정성과 주제, 콘셉트 등 다른 요소들 또한 간과할 수 없다. 다음은 몇 권의 책을 집필하면서 정리한, 책을 쓰기 위한 핵심 키워드들이다.

첫 번째, 책은 작가의 마음뿐 아니라 기획자의 마인드로 다가가야 한다.

기획자로 사회생활을 오래 하면서 직업병 아닌 직업병이 생겼다. 모든 문제에 대해 기획으로 풀어내는 습관이 몸에 밴 것이다. 책쓰기 또한 기획자의 마인드가 다분해야 이루기 쉽다. 기획은 없는 것을 만들어 내고 있는 것도 결합, 조합하는 행위이다. 책을 집필한다는 것은 실용서의 경우 문제점을 파악하고 해결책을 제시하는 과정이다. 보편성 있는 문제에 대해 차별화된 경험과 노하우, 정보를 제공해야 한다. 자신이 좋아하는 글감으로는 책을 쓸 수는 있지만 출간은 하기 어렵다. 철저하게 독자에게 어떠한 솔루션을 제공할 수 있는지 공감을 이끌어 낼 수 있는지 생각하는 기획자의 마인드가 정립되어야 한다. 시중에 요리 주제의 책이 많지만 콘셉트를 달리하면 주제에서 자유로워 질 수 있다. 아이를 대상으로 한 요리 책을 쓸 수도 있고, 실버세대를 위한 요리책, 자취생을 위한 요리책 등 타깃 독자를 달리하면 무궁무진한 글감을 생각해 낼 수 있다.

두 번째, 책의 얼굴, 제목이 가지는 파급력

100만부가 넘게 판매된 <칭찬은 고래도 춤추게 한다>의 원제는 <유 엑셀런트>였다. 처음에는 별 반응이 없었지만 책

제목이 바뀐 후 독자들의 많은 공감을 얻어냈다. 원고 내용도 좋았지만 제목과 원고내용이 조화를 이루며 더 많은 독자들을 만날 수 있었다. 무라카미 하루키의 <상실의 시대>는 원제가 <노르웨이의 숲>이었다. 책 출간 당시 노르웨이라는 나라 자체가 우리나라와 그다지 접점이 없어 공감대가 떨어졌지만 제목이 바뀌고 시대분위기와 맞아떨어지며 베스트셀러 대열에 합류했다. 출판사에서도 제목을 잘 만들기 위해 심혈을 기울이지만 저자 또한 원고를 집필하는 단계에서 많은 고민을 해야한다. 저자 자신만의 색깔을 끄집어낼 수 있는 책 제목을 고심해야 하는 시간이 무한정 길어져도 아깝지 않은 이유이다.

세 번째, 인테리어 설계자가 아닌 건축설계사가 되어야 한다.

집의 크기를 결정하는 것은 외부 골격이다. 집의 뼈대에 비유되는 것이 책의 목차다. 목차를 만들지 않고 원고 내용부터 써내려가는 것은 집이 완성도 되기 전에 인테리어 공사를 하는 것과 마찬가지다. 책만큼 공을 들여 차근차근 이루어내는 작업도 드물다. 목차가 부실하면 다시 처음으로 돌아와 수정하고 방향을 잃고 헤매고 시간을 낭비한다. 가장 큰 공을 들여야 하는 부분 중 하나다. 책쓰기 정규과정을 진행할 때 수강생들이 가장 힘들어 하는 부분이기도 하지만 자신만의 목차를 만들어냈을 때 성취감은 책을 쓰는 원동력이 된다.

네 번째, 출간기획서는 투자를 끌어내는 제안서다.

출간을 하기 위해서는 자신의 원고가 왜 출간이 되어야 하는지 설명할 수 있어야 한다. 출판사는 수많은 원고 중에서 많은 독자들을 만나고 좋은 메시지를 전달할 원고를 채택한다. 그리고 기획출간을 위해서는 출판사가 비용을 부담한다. 저자에게 투자를 하는 격이므로 그에 상응하는 진정성 있고 차별화 된 원고를 집필해야 한다. 이러한 원고의 차별성, 프로필, 원고 기획의도, 마케팅 방향을 담은 것이 출간 기획서이다. 자신의 저서가 세상의 빛을 봐야 하는 이유를 명확하게 기술할 수 있어야 한다.

다섯 번째, 초고에 실망하지 않고 퇴고에 집중하기

며칠 전에 쓴 일기도 다시 보면 다시 읽고 싶지 않을 때가 있다. 독자들이 읽어야 할 책을 집필하는 경우는 어떻겠는가. '이 글이 정말 출간될 수 있을까' 고민이 앞선다. 모든 것이 그렇지만 책 집필도 한 번에 뚝딱 이루어지지 않는다. 목차대로 초고를 완성했다면 그때부터가 또 다른 시작이다. 한번의 초고에 실망하기에는 이르다. 고쳐 쓰는 단계에서 원고의 질을 높일 수 있다. 돌이 쪼개지는 순간을 보면 석공의 마지막 일격만이 그 힘을 낸 것은 아니다. 그 동안 수십 번, 수백 번 내리친 노력이 합쳐져 돌을 가를 수 있었다. 책쓰기도 마찬가지다. 더 좋은 사례, 더 좋은 문체, 어법으로 바꾸고 줄이고 확장하고 수정하면서 완성도를 높여갈 수 있다.

책쓰기, 누구나 도전하면 결과물을 얻을 수 있다고 말하고 싶지는 않다. 그래도 마냥 쉽지는 않지만 쳐다보지도 못할 정도로 어렵지만도 않다. 이 시간에도 누군가는 도전하고 이루어내고 누군가는 지레짐작으로 시작할 엄두도 못 내고 있다. 중요한 것은 도전의 의미를 새기는 것이다. 누구나 도전하고 누구나 쉽게 따내는 자격증은 그만큼 가치가 떨어진다. 책쓰기에 누구나 쉽게 성공할 수는 없다. 끈기와 자신의 글에 대한 믿음, 그리고 가장 중요한 진정성이 바탕이 되어야 한다. 자신에게 힘이 되고 독자에게도 힘이 되는 책을 쓸 수 있는 힘을 길러야 한다. 집필할 시점에는 책이 작가 자신의 자산이지만 책이 출간되고부터는 책의 주인은 독자다. 책이라는 주식의 대주주가 독자로 바뀐다. 자신의 입장에서 쓰지 않고 독자의 입장에서 생각하는 습관을 길러야 한다.

지식창업자로 살아가기 위해서는 자신의 전문성을 내보일 저서가 필요하다. 자신의 의식세계와 세상을 살아가는 기술을 담아낼 수 있어야 한다. 도전에 실패하더라도 그 실패는 영원한 실패로 남지 않는다. 지식창업자는 도전이 연속인 삶 속에 살아간다. 책쓰기도 수많은 도전 중 하나지만 결코 작은 도전은 아니다.

PART 5.[발전편]
창직의 시대, 지식 창업자는 이렇게 살아간다

idea

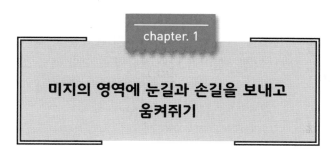

chapter. 1

미지의 영역에 눈길과 손길을 보내고 움켜쥐기

아무런 위험을 감수하지 않는다면, 더 큰 위험을 감수하게 될 것이다.
— 에리카 종 —

'오래된 도시'라는 의미를 가진 잉카문명의 공중도시 '마추픽추'는 아직까지도 베일에 싸인 미지의 영역이다. 어떤 이유로 누가 건축했고 역사 속에서 자취를 감춘 이유 또한 명확히 밝혀지지 않았다. 발견 된지 100년이라는 시간이 지났지만 일부 유물 자료를 토대로 한 용도와 건설시기에 대한 추측만 무성할 뿐이다. 오랜 세월동안 아직 정복되지 않은 미지의 세계로 남았고 사람들의 궁금증을 자아내며 연구 대상이 되고 있다.

지식창업자에게 지식아이템 발굴 영역의 범위는 정해져 있지 않다. 제조업을 시작하는 기업가는 특정 상품모델에 착안해 사업을 시작한다. 그 상품에 맞는 금형을 제작하고 맞춤형 생산공정을 가동한다. 명확한 아이템 선정 없이 공장부터 짓고 인력을 뽑아놓고 대기하지는 않는다. 공정은 곧 자본이고 시스템구축은 곧 매몰되는 비용이기 때문이다. 지식창업자는 지식생산 공정과 아이템 발굴 간의 선후 관계가 의미가 없다.

영역을 먼저 확보 후 지식을 다듬는 과정에 몰입할 수 있고 반대로 지식 가공을 한 후 생산영역을 탐색해도 무리가 덜 하다. 그럼에도 간과할 수 없는 것은 도태되지 않기 위해서는 새로운 지식 영역에 대한 끊임없는 연구가 필요하다는 것이다.

미국은 독립선언 당시 13개 식민주로 형성된 대서양 연안 국가였다. 루이지애나를 프랑스로부터 헐값에 사들였고 영토 확장을 위해 군인, 탐험가 출신으로 이루어진 루이스, 윌리엄 클라크 원정대를 서쪽으로 보냈다. 루이스와 클라크 원정대가 새먼 강을 따라 고개를 넘는 가운데 원정대는 갖은 고초를 겪었고 동행하던 인디언들도 길을 잃고 허기에 지쳤다. 위기를 겪었지만 원정대는 북쪽으로 경로를 옮겨 결국 태평양에 다다르게 된다. 세인트루이스에서 로키 산맥을 거쳐 서북쪽의 오레곤까지 8,000마일의 대장정은 곧 억압이 없는 기회의 땅, 황량한 서부 시대를 여는 도전의 시간이었다.

영어 표현 중에 'Uncharted Waters'가 있다. 여기서 Water는 단순히 '물'을 지칭하는 것이 아니라 '영역'을 뜻한다. 잠재적인 위험이 있는, 미지의 영역을 나타낸다. 모든 창업에 공통되는 것은 위험요소가 항상 뒤따른다는 것이다. 시대를 막론하고 100% 성공보장의 법칙은 없다. 실패 확률을 낮추고 성공 확률을 높여갈 뿐이다. 지식창업자에게 이 확률을 높이기 위해서 새로운 영역에 대한 공부와 도전은 필수적이다.

1주일에 하루는 시간을 비우고 오롯이 새로운 영역을 찾고 공부하는데 중점을 둔다. 항상 한 두 단계 앞서 후속 콘텐츠를 준비한다. 지금 하고 있는 일이 아무리 잘 되더라도 한계에 부딪힐 최악의 상황을 그려보고 대체재를 마련하는 시간을 갖는다. 이 습관은 직장에 다닌 10년 동안 철저히 계획돼 있었다. 이 하루는 스스로 그어 놓은 한계선을 의식적으로 뛰어넘는 시간이다. 내게는 한계가 많았다. 문과출신이라는 한정된 지식의 한계, 사회가 알아주는 스펙이 없다는 한계, 밀고 끌어주는 인맥이 없다는 한계, 기민한 두뇌를 가진 사람이 아니라는 한계, 연골이 닳아 없어져 뼈끼리 부딪히는 무릎 때문에 자리가 많은 버스에서도 서서 가야 했던 한계. 이 모든 한계에 매몰되지 않고 뒤엎기 위해, 집요하게 분야를 정해 파고들어 공부를 한다. 지식창업자의 원칙적인 공부 방법 중 몇 가지를 소개하면 다음과 같다.

첫 번째, 유행과 트렌드의 차이를 알아야 한다.

　유행만 쫓는 사람은 단명하기 쉽고, 트렌드를 읽는 사람은 지속성장을 할 수 있다. 유행은 단기적인 속성을 지니고 시류를 제대로 타지 못하면 모방 콘셉트나 아류작으로 치부될 수 있다. 건물마다 조개구이집이 성행하다가 일시에 사라진 현상은 유행에 편승했던 것이고 꾸준히 자신만의 메뉴를 판매하는 부산 골목길 돼지국밥집은 트렌드를 이어가는 것과 같다. 트렌드는 경제분석

용어로 계절변동이나 경기순환 등의 단기변동을 초월해서 지속되는 장기적인 경향을 뜻하며, 추세변동이라고도 한다. 중장기적인 상황을 예측하고 미리 학습하고 선점하는 감각을 기르는 것이 '트렌드 센스'라고 할 수 있다. 서점만 가보더라도 유행과 트렌드의 차이를 알 수 있다. 단기적인 베스트셀러는 유행이고 장기적인 트렌드는 스테디셀러에 가깝다. 지식창업은 유행아이템을 소지는 하되 그것에 전적으로 매달리는 것은 금물이다. 장기적인 수익모델이 있어야 하며 지난 5년, 10년간 경제, 금융, 정치, 문화, 역사에 대한 자료 정리가 필수적이다.

두 번째, 손품은 물론 발품을 최대한 팔아야 한다.

인터넷이 활성화 되고 컴퓨터만 있다면 지식창업의 장비는 갖춘 셈이다. 장비가 갖춰졌다면 뛸 준비를 해야 한다. 가만히 있는 사람에게 먼저 손을 내미는 경우는 없다. 먼저 손을 내밀더라도 거절 하는 경우가 많다. 그럼에도 자신이 확정한 분야와 관련된 세미나, 강연, 포럼, CEO 조찬모임에는 비용을 들여서라도 참가하고 정보를 취합해야 한다. 인터넷으로 클릭만 해서 얻는 일반 정보와 사람을 만나 얻는 고급 정보는 질이 다를 수 있다. 지식창업자는 시야가 넓어야 한다. 사무실에서만 할 수 있는 일은 최소화 하고, 노트북을 들고 사회부 기자처럼 세상을 무대로 누빌 마음의 준비가 되어 있어야 한다.

세 번째, 한계만 만들지 말고 공부하고 나서 성과를 만들어라.

문과대학 출신이지만 생산유통, 3D프린팅, 그래픽 툴에 대한 공부를 독학으로 마쳤고 앱 개발을 통한 지식상품 출시를 준비하고 있다. 머리가 좋아서 깨우친 것이 아닌, 배우지 않으면 도태된다는 생각이 몸을 움직이게 만들었다. 보통 사람들의 배우는 속도에 비해 시간도 몇 배로 소비됐다. 우리는 대부분 자신에게 한계를 규정하고 출신 성분에 자신을 옭아매고 있다. '해본 적이 없으니까', '내가 어떻게 그걸 해', '지금껏 배운 것만 응용해 살아갈래' 이러한 생각은 현실에 머물게 하고 발전 의지를 꺾고는 한다.

능력의 한계는 자신이 만들어갈 뿐이다. 한계치를 끌어올리는 방법은 지금의 굳어져 버린 관성과 내성에 새로운 자극을 주는 방법밖에 없다. 나이가 들수록 시간이 빨리 가는 이유는 호기심과 도전이 적어지기 때문이다. 유년 시절을 돌이켜 보면 시간이 더디게 느껴졌음을 알 수 있다. 모든 것이 새롭고 호기심이 왕성한 시기에는 시간이 아닌 '사건'이 뇌 속에 잔상으로 남아 같은 시간임에도 많은 일이 일어나 더디게 흐른 것처럼 인식되는 것이다. 40대, 50대 은퇴 시기가 다가올수록 현실에 안주하고 도전이 적어진다. 한 살이라도 젊을 때 관성을 깨고 자신만의 관성을 이어가는 평생학습에 눈떠야 하는 이유이다.

돈을 내고 새로운 영역에 입장하는 것이 아닌 자신만의

노력으로 미지의 영역에 진입하고 개척할 수 있는 사람이 지식창업자가 될 수 있다. 지식은 우리가 온전히 소비할 시간이 주어지기도 전에 이미 쌓여가고 있다. 누군가에게는 볼품없는 '폐지'이지만 또 다른 누군가에게는 지식을 나눌 수 있는 깨끗한 '종이'가 될 수 있다. 가공되지 않은 지식, 손질되지 않은 미지의 세계에 진입해 끊임없는 공부를 해 나가야 하는 이유는 지식창업자의 생존과 직결되기 때문이다.

chapter. 2

상품 자체보다 부가가치 판매가 관건이다

난관은 낙담이 아닌 분발을 위한 것이다.
– 윌리엄 엘러리 채닝 –

'프레임'은 보통 1장으로 찍힌 표면적인 사진을 의미한다. 우리가 흔히 보는 영화는 보통 1초에 24프레임으로 구성된다. 초당 프레임 수는 1초당 몇 개의 정지 화면을 출력하는지를 나타내며, 인간의 눈은 초당 10~12 프레임 정도를 인지하는 것을 감안해 초당 24에서 30프레임이 넘어가면 부드러운 움직임으로 인식한다.

프레임은 1장의 정지화면 이상의 의미를 갖는다. 화면 연출자의 입장에서 보면 시청자에게 전달되는 시각적 자료 자체가 프레임이다. 시청자들이 이 프레임 안에 삽입된 시각적 자료를 순차적으로 받아들이게끔 구상 및 구성을 한다. 시청자들은 이 영상 구성을 통해 어느 부분에 집중해야 하는지 인식한다. 프레임을 통해 내용을 전달 받는 것이다.

우리에게는 프레임처럼 항상 사물을 들여다보는 '틀'이 있다. 창문에서 몇 발자국 떨어져 풍경을 볼 때와 바짝 붙어 바깥 풍경을 볼 때는 시각 구도가 달라진다. 바로 창밑에 숨어 있는 아이를 보지 못할 수도 있고 창문 바로 옆에 자라난 담쟁이 식물도 인지하지 못한다. 가까이 있어 사이드미러의 사각지대에 갇힌 타인의 자동차처럼, 어떤 것은 보이고 어떤 것은 보이지 않는 것을 당연시 여기며 살아간다.

직장생활을 마치고 독립해 작은 사업을 운영하면서 많은 기업체 담당과 일반 대중을 만났다. 은연중 영세한 기업체의 수익 체계를 들여다 볼 기회가 많았다. 지금 수익을 벌어들이고 있는 회사와 그렇지 못한 기업의 차이는 설계구조에 있다고 해도 과언이 아니다. 영속기업들은 이미 돈을 벌어들이도록 설계됐거나 돈을 벌기 위한 구조로 변경을 하고 있다. 하루아침에 간판이 없어지는 기업들은 당연하게도 돈을 벌어들이는 구조로 설계되지 않았다는 것이다. 우리가 지향하는 아무리 작은 창업이더라도 수입 구조와 지출구조가 조절되지 않으면 지속하기가 쉽지 않다.

일시적으로 고객을 대량으로 유치하더라도 1회성으로 끝나버린다면 시장만 형성해 놓고 짐을 싸는 경우가 허다하다. 광고비를 수백, 수천만 원 사용할 때만 고객이 몰리고 광고를 중단하면 썰물 빠지듯 고객이 떠나가는 사업은 유지하기 힘들다. 생각하는 프레임을 상황에 맞춰 바꿔나가야 하는 이유이다.

전통적인 제조업 기반의 덩치 큰 사업에서는 원가 개념이 중요했다. 원가를 절감하고 수익을 극대화 하는 전략은 지금도 유효하다. 하지만 기업이 살아갈 수 있는 힘의 원천이 원가절감뿐이라면 한계는 생각보다 빨리 온다. 정가 1만원짜리 애견사료를 판매한다고 했을 때 원가가 4,000원이라면 6,000원이 남는다. 원가를 2,000원으로 절감하면 2,000원이 추가 수익으로 더 남을 수 있다. 이렇게 전통적인 '상품가치 지향' 사업은 판매되는 상품과 함께 수익도 종결되는 시스템을 갖고 있다. 고객이 원하는 상품이 무엇인지도 모른 채 다품종 소량생산 체제라는 허울에 맞춰 진열하고 나열하고 있다. 그 중에 어쩌다 판매되는 상품에 일시적 환호를 보내고 생산체제를 늘리려고 자본을 투자한다. '완성 기성품'을 판매해야만 돈을 벌어들이는 구조에 매몰되면 상품을 잃었을 때, 팔리지 않을 때 그 리스크는 그대로 가져오게 된다.

스몰 정보 비즈니스는 개별 상품의 판매 여부가 큰 의미를 갖지는 않는다. 다른 파생 지식상품이 메인이 될 수 있고 오히려 완성품은 곁가지 상품이 될 수 있기 때문이다. 기존 사업에서 '애견사료'가 메인상품이었다면 지식창업 서비스에서는 '애견 잔병치레 없애는 법', '애견 대리모' 서비스가 될 수 있다. 메인 상품 같았던 애견사료는 덩달아 파생상품으로 판매가 될 수 있다.

기존 사업구조에서는 메인상품을 늘리기 위해 재고창고를 늘리지만 지식창업 서비스는 컴퓨터 폴더를 늘려 지식을 분류하고 체계화 하는 것이 중요할 수 있다.

신규 고객을 대량 모집하기 위해 애견사료를 마진 없이 1천원에 판매하는 이벤트를 마련하더라도 다른 지식사업으로 수익이 보완된다면 진행이 가능하다. 눈에 보이는 애견사료 상품의 판매치가 낮더라도 종합적으로 벌어들이는 이익이 크면 지식창업서비스는 성공할 수 있기 때문이다.

가장 전통적이고 안정적인 수익 구조 시스템은 '회원제'다. 매월 30만원의 회원제 비용이 수익으로 이어지는 헬스클럽의 경우 이 시스템을 가장 잘 활용한 케이스다. 운동에 가치를 느끼는 사람들이 돈을 지불하고 있다. 회원제에 맞는 가치서비스를 제공하는 것은 당연하다. 회원들도 3개월보다 6개월 비용을 저렴하게 이용해 만족스럽고, 닳아 없어지는 개념이 아닌 '공간'을 대여하는 헬스클럽도 손해 보는 사업이 아니다.

지식창업자는 노동 시간에 비례해 수익을 얻는 삶을 살지 않는다. 하지만 생각의 전환이 늦고 일정한 틀에 갇혀 산다면, 노동 시간에 비례해야만 수익을 얻는 상황에 처한다. 노무사가 법전을 모두 외우는 능력이 있다고 해서 서비스 신청이 폭주하지는 않을 것이다. 법전이나 인터넷을 통해서도 판례를 쉽게 찾아볼 수 있기 때문이다. 오히려 다른 노무사가 전달하지 못하는 부가가치를 듬뿍 담아 서비스를 한다면 고객이 찾는 수요가 많아질 것이다.

자신이 '가지고만 있는 것'과 누군가에게 '표출하는 것'은 엄연히 다르다. 누군가는 나만의 노하우라 생각하고 감추고 손에 꼭 쥐고 있지만 누군가는 표출하고 성취하고 또 다른 지식콘텐츠를 발굴하는 데 시간을 보내고 있다. 부가가치만 높다면 고도화되고 정형화된 지식을 판매하는 전문직 종사자 뿐 아니라 누구라도 지식정보 전달자가 될 수 있다. 상품 자체보다 그 이면의 가치가 중요할 수 밖에 없다.

chapter. 3

지식창업자는 세일즈맨보다 코치에 가깝다

당신이 만나는 모든 이에게 다정하게 대하라. 모두 다 힘겨운
전투를 하고 있으니
- 플라톤 -

리치몬드 고교 농구팀의 스타로 명성이 자자했던 켄 카터.
중년의 가장이 된 그는 스포츠용품점을 운영하며 고교 농구
선수인 아들 데미언의 장래를 걱정하는 평범한 아버지로
살아가고 있다. 그런 그에게 모교의 농구팀을 맡아달라는 제안이
들어왔고, 카터는 고민 끝에 수락한다.

가난한 흑인들이 거주하는 캘리포니아 주에서도 특히
리치몬드 고등학교에는 가정형편이 어렵거나 사고를 치고 전학을
온 아이들이 많았다. 카터는 반항적이고 꿈이 없는 아이들만
결집해 놓은 리치몬드 고교 농구 팀을 맡아, 머리와 마음속에
2가지 계획을 세웠다. 첫 번째는 4년간 최하위 팀을 벗어나지
못하는 리치몬드 농구부에 예전의 위상을 되찾아 오는 것. 두
번째는 목표 없이 방황하는 농구부 학생들이 현재보다 나은
인생을 살아갈 수 있도록 학업을 이어가게끔 도와주고 대학에
진학시키는 일이었다.

영화 <코치 카터>에서 카터 역을 맡은 사무엘 잭슨의 직업은 '코치'였다. 전통적인 영업의 입장에서 보면 코치는 손이 많이 가고 신경 쓸 것이 많다. 오늘 물건을 판매하고 내일이면 고객과 단절이 되는, A/S라도 이루어지지 않으면 고객과의 접점이 없어지는 상품지향 서비스와는 다른 '가치지향 서비스'이기 때문이다. 카터의 목표가 아이들의 인생을 바른 경로로 옮겨 놓는 것이 목표였듯이 누군가의 코치가 되기 위해서는 상대방의 삶을 들여다볼 줄 아는 세심함과 방향설정능력, 자신만의 해결기법이 필요하다.

영업의 중요성은 기업의 존속을 유지하는 근간이 되었다. 조직의 최전방에서 상품가치를 내보이고 시장의 파이를 쥐락펴락하는 유능 직군이다. 회사 CEO 중 영업자 출신이 많은 이유도 여기에 있다. 취업시장이 얼어붙었다는 이야기가 오늘 내일 흘러나온 것은 아니지만 구직사이트를 보더라도 신규채용 인원은 영업직이 여전히 많다. 그럼에도 다소 부정적인 이미지는 늘 따라다닌다. 아무래도 전통적인 영업자는 '방문판매 사원'이라는 꼬리표가 따라다녔고 일부 진입문턱이 낮은 영업직군에 대한 인식이 부정적으로 번졌기 때문이다.

고객들이 영업직에 대한 고정관념이 생긴 이유는 정보의 불평등 때문이기도 했다. 보험, 중고차 딜러, 부동산 관련 영업자들을 대했을 때 상대적으로 고객은 정보의 약자에 속한다.

자동차가 고장이 나 카센터에 가면 불안한 마음부터 드는 이유가 여기에 있다. 해당 분야에 박식한 지식이 있다면 정보의 평등 상태에서 계약을 하겠지만 대부분 그렇지 못하고 상담 내내 신뢰가 가지 않으면 마음을 열 수가 없다. 상담을 하더라도 성과와 매출에 혈안이 된 일부 영업자들의 의중을 알아 챈 이상 신뢰는 지속되지 않는다.

　전통적인 영업자의 마음은 고객을 '무지의 존재'로 여기고 자신이 건네는 상품이라는 물질적 가치를 통해 변화 할 수 있다며 '설득'을 최대 무기로 장착했다. 계약서에 찍히는 도장이 설득의 전유물이었고 상품을 전달하는 데 의의를 두었다. 하지만 지식창업자가 코치로 살아가기 위해서는 고객을 '이미 가능성 있고 유능한 존재'로 여기고 '스스로 해결력이 있는 대상'으로 생각해야 한다. 고객에게 집중하고 '함께 헤쳐 나간다'라는 마음을 가져야 한다.

　페이스메이커(pace maker)는 원래 선수들이 좋은 기록을 낼 수 있도록 선두그룹 형성을 촉진하는 이들을 일컫는다. 그들은 옆에서 보조를 맞추며 선수들이 일정한 속도를 내도록 도와준다. 전통적인 영업인의 마인드라면 계약이 목표겠지만 코치의 목적은 페이스메이커처럼 고객의 성공을 돕는 것이다. 결국 코칭은 '고객이 가진 인생의 문제를 해결하는 것에 있어 스스로 문제해결을 위한 방법을 찾도록 도와주고 실행력을 높여주는 과정'이라고 정의할 수 있다. 이러한 코치의 마음을 지닌 지식창업자로서 살아가는 방법은 다음과 같이 몇 가지로 간추려 볼 수 있다.

첫 번째, 질문하는 코치

전통적인 영업자들은 고객이 '미처 모르는 정보'를 무기로 협상을 해나갔다. 하지만 코치는 흘러 넘치는 정보 속에서 양질의 정보를 골라 맞춤형으로 제시할 수 있어야 한다. 기존의 영업자들은 고객이 묻는 '궁금증 해소'에 집중했지만 코치는 질문을 통해 고객의 문제점을 도출해 내야 한다. 몰라서 묻는 질문이 아닌 '알고 있는' 확인의 속성을 지닌 질문을 해야 한다. 해결방법을 바로 제시하기보다 스스로 가치를 느끼는 해결점을 모색하는 방법을 알려줘야 한다. 단순히 오늘 하루 먹을 물고기만 건네 다음날이 되면 허기지게 만들지 않고, 물고기 잡는 법을 스스로 깨우치게 도와주는 것이 코치의 역할이다.

두 번째, 잘 듣는 코치

지금 당장 계약서에 도장을 찍을 것인지 말 것인지, 이 상품을 고객에게 전달하는 데에 급급한 영업자 마인드로는 지식창업자의 삶을 꾸리기가 어렵다. 1주일 내내 이야기만 듣더라도 묵묵히 공감할 수 있는 포인트를 짚어내는 것이 필요하다. 자신의 문제점을 상대방에게 내보이는 것, 특히 일면식도 없는 상대방에게 자문을 구한다는 것은 그만큼 힘든 상황에 놓인 것이다. 묵묵히 기다리지 않는 코치는 타인에 대한 공감력을 키워나갈 수 없다. 코치로서 잘 들어야 할 요소들을 간추려 보면 다음과 같다.

- 문제를 해결하려는 이유
- 자신의 문제해결 방법
- 현재 감정 상태
- 과거 시도했던 방법들
- 시급한 문제점
- 지금 겪고 있는 불편함

세 번째, 내용의 정리와 적용

계약과 동시에 상품을 전달만 하고 매달 "자동이체가 수월하도록 통장잔고 확인 부탁 드립니다."라는 일부 세일즈업종의 문자처럼 후속조치가 없다면 결격사유가 될 수 있다. 지금까지의 경험에 반추해 보거나 외국사례를 새벽 내내 뒤져서라도 해결점을 모색해야 한다. 코치는 '해결책보다 사람을 얻었다'는 느낌이 들도록 진정성을 가지고 고객을 대해야 한다.

지식창업, 책쓰기 강의를 하면서 가장 뿌듯할 때가 있다. 강의를 통해 1년 동안 생각만 했던 출간의 꿈을 실현했다거나 사업체 운영에 도움이 됐다는 카톡 메시지를 받았을 때였다. 누군가의 꿈에 일조했다는 생각에 내 가슴도 벅차올랐다. 저자의 강의를 들었지만 그 수강생이 모든 것을 내게 배웠다고 생각하지 않는다. 그는 이미 잠재력이 있었고 단지 실질적으로 결과물을 이끌어내는 실행력과 깨달음이 부족했을 뿐이다. 소수의 천재와 엘리트들을 제외하고 사람의 능력은 비슷하다. 누군가 이끌어 주지 못했거나 스스로 발견하지 못해 평범하게 살아갈 뿐이다. 그런 카톡이나 문자메시지가 오면 항상 소중하게 간직한다. 다시 뛸 수 있는 원동력이 되기 때문이다.

평범한 사람들이 자신의 능력을 깨우쳐 비범하지는 못해도 평범함 이상으로 살아가길 원한다. 자신을 통해 누군가 하나라도 깨우쳐 더 나은 삶을 살아가는 모습을 볼 때 보람을 느낀다면 코치로 살아갈 채비는 갖춘 셈이다. 나만의 노하우를 누군가에게 뺏길까봐 전전긍긍하고 꽉 움켜쥐고 살아갈 때와는 다른 에너지를 얻을 수 있다.

이 책의 집필 목적도 평범한 사람도 자신의 잠재력을 깨우치고 표출하며 살아갈 수 있다는 것을 나누고 싶었기 때문이다. 단지 창업에 대한 허울된 희망만을 전하고 싶지 않았다. 아직 큰 성공에 미치지 못했지만 최소한 목표를 위한 현재진행형의 삶을 살고 있음에 행복감을 느끼고 있다. 이 행복감은 지식창업자로서, 특히 코치로서의 만족감에서 비롯한다. 이 글을 읽고 있는 독자 여러분이 누군가 원하는 가치를 내보인다면 기꺼이 돈을 지불하고 당신의 능력을 구매할 것이다. 당신도 누군가의 코치가 되는 것이다.

chapter. 4

10가지 확장보다 우선 1가지에 집중하면 브랜드가 된다

간단함이 훌륭함의 열쇠다.
− 리 샤오룽 −

애플이 휴대폰 역사에서 독보적인 위치를 점하게 도와 준 것은 역시 '아이폰'이었다. 애플을 떠올리면 아이폰이 그려지고 아이폰을 그리면 깨문 사과 모양이 생각난다. 그렇다면 이 '아이폰'은 단순 제품일까, 브랜드일까? 경쟁사와 차별화 되게 만든 '제품의 속성을 지닌 브랜드'라 할 수 있다.

우리는 모두 이름을 가지고 있다. 고유 이름이 없이 '인간'으로 호명된다면 직장, 학교, 길거리 등 어디에서든 많은 혼란이 빚어질 것이다. '인간'이라고 부르면 횡단보도에 있던 사람들이 자신을 부르는지 알고 모두 쳐다볼 것이다.

신발을 떠올리면 '나이키', 빵을 떠올리면 '파리바게뜨', 시원한 탄산을 떠올리면 '코카콜라'가 생각난다. 이러한 브랜드는 우리가 암기하려고 노력해서 외워진 것들이 아니다. 그 브랜드에 대한 고유 이미지가 은연중 우리 생활과 생각 속에 심어졌기 때문이다. 기업 입장에서는 이러한 고유이미지를 고객의 마음속에 심기 위해 '브랜드 매니져' 직책을 따로 두고 연구에 집중하고 있다.

브랜드를 소비하는 심리는 브랜드가 나타내는 메시지대로 되고 싶거나 브랜드 자체를 내보이고 싶은 욕구가 있기 때문이다. 나이키 신발을 신는 것은 광고모델이었던 마이클 조던에 대한 동경으로 이루어지거나 '나이키'라는 상표를 누군가에게 암묵지로 내보이고 싶은 마음이 앞서기 때문이다. 이러한 상품 브랜드처럼 사람도 브랜드화 되고 있으며 이들에게서 '휴먼리소스'를 얻기 위해 무언가를 요청하고 가치를 얻기 위해 비용을 지불하고 있다.

어떠한 분야를 떠올렸을 때 특정인물이 연상된다면 그 사람은 충분한 브랜딩이 된 것이다. 보통 직장인들은 명함을 꺼내 자신이 누구라며 소개를 해야 하지만, 브랜딩이 된 사람은 원조 떡볶이 가게에 길게 늘어선 손님들처럼 고유의 이미지를 보고 찾아온 사람들에게 인사를 건네기 바쁘다. 물론 이러한 브랜딩은 실력과 인성, 진정성이 담보되어야 함은 당연하다.

지역에 소문난 맛집에 가면 보통 메뉴가 생각보다 단출하다. 무엇을 골라야 할까 고민이 적어진다. 메인메뉴가 있기 때문이다. 사실 사람들이 그곳에 간 이유도 애초에 메인메뉴 이미지가 머릿속에 자리 잡았기 때문이다. 보통 초보 창업자들의 실수 중 하나가 메인상품 개발 없이 일단 판을 벌인다. 유행에 민감한 상품들을 수시로 가판대에 진열하다보니 중심을 잡는 상품은 온데 간데 없고 점점 시장 잡화점처럼 변해가는 것이다.

지식창업자에게 전문성은 필수적으로 확보해야 하고 넘어서야 할 문턱이다. 이 문턱은 우선 자신이 가장 잘 할 수 있는 분야 단 1가지에 집중하는 것이 최선이다. 1가지 특정 분야에서 일정 궤도에 오른 후 다른 서브메뉴를 얹어가는 식이 유리하다. 보통 개인 사업을 하게 되고 수익이 적어지면 마음이 바빠지고 압박감이 온다. 이때 수익을 창출할 수 있는 분야를 계속 두드리게 되고 점점 집중력은 분산된다. 사람은 실패에서 많은 것을 얻기도 하지만 뻔히 보이는 실패의 길로 걸어 들어갈 필요는 없다.

적성을 찾는데 30여 년 이상의 시간이 소요됐다. 내가 정말 기쁘게 여기고 잘 할 수 있는 분야가 무엇일까 고민하는데 많은 세월을 허비했다. 생계 때문에 원하지 않는 분야에서 꾸역꾸역 일을 하기도 했고 '은하철도 999'에 나오는 기계인간처럼 영혼 없이 일에만 파묻혀 살았다. 생각보다 적성은 가까이 있었다. 회사에서 늘상 하던 업무였지만 조직에서 돈을 받고 일하는 개념에 파묻혀 스스로 돈을 벌 수 있는 능력을 의심하기에 바빴다. 스스로 돌파구를 찾아 해낼 수도 있다는 생각을 하지 못했던 것이다.

앞서나간 사람들과 브랜드 자체에 대한 사례 연구결과를 종합해 보면 자신만의 브랜드를 만들어가는 큰 윤곽은 다음과 같다.

첫 번째, 단순함이 오히려 지속성을 가져온다.

이 세상을 살아가면서 모든 사람에게 같은 영향력을 끼치고 모두에게 동일한 메시지를 던질 수 없다. 모든 사람에게 어필할 필요도 없다. 모두에게 좋은 사람이 오히려 자신에게는 나쁜 사람이 될 수 있다. 햇빛의 힘을 빌려 종이를 태울 때도 돋보기의 초점을 좁게 해야 결과를 얻을 수 있듯이 지식창업자도 고객의 범위를 좁혀야 한다. 고객도 자신의 문제점에만 매몰돼 한 곳만을 응시하기 때문에 공간이나 시간은 달라도 결국 서로 같은 곳을 바라봐야 한다는 것이다. '다양성'은 유혹적이고 매력적이다. 하지만 모두를 만족시킬 수는 없기에 '다양성'을 '단순함'이 이길 수 있다.

두 번째, 일관성이 통일성을 부여한다

지식창업자에게는 신념이 있어야 한다. 어제와 오늘의 마음가짐이 수시로 바뀐다면 목적지를 얼마 두지 않은 상태에서 좌초되기 쉽다. 근력운동을 하더라도 바로 근육이 생성되지 않는다. 2시간 운동 후 잠시 부풀어 오른 근육에만 심취하면 내일이면 밋밋해진 모습에 실망하고 만다. 사업이 궤도에 오르기 전까지는 물을 길어 올릴 수 있는 '마중물'이 필요하다. 물이 끓는 임계점에 다다를 때까지는 끊임없어 공부하고 사람을 만나며 지식을 섭취하고 가치를 만들어내는 연습을 해야 한다. 오늘 100만원을 벌었다고 해서 내일도 100만원을 벌수는 없다.

돈에 연연하기 보다는 그러한 수입을 얻을 만한 가치를 꾸준히 생산하고 있는지부터 점검해야 한다.

세 번째, 선량한 마음이 바탕이 되어야 한다

　사람들은 주로 엘리트 전문가, 유능한 변호사, 가장 유머러스한 강사, 최고의 엔지니어와 일하기를 원하지만 그렇지 않을 수도 있다. 사람은 항상 이성적이거나 논리적이지 않다. 직장에서 거래처 사람을 대해봐도 알 수 있다. 업무능력을 떠나 마음이 가는 사람이 있다. 꼭 자신의 사비를 들여 맛있는 것을 사주는 것만이 진정성은 아니다. 어려움을 나누고 한 번 입 밖에 낸 약속은 무슨 일이 있어도 지킬 줄 알며, 물질적인 답례 외에 부가적인 혜택을 줄 수 있는 사람이어야 한다. 상대방은 내게 선량하게 다가오길 바라면서, 정작 자신은 그렇지 않은 것에 관대한 경향이 있다.

　자신이 무엇을 잘하느냐를 찾는 것은 필수다. 방향이 설정되기 때문이다. 그 이후에는 지속적인 자신만의 이미지를 구축하는 것이 필요하다. 한 영역이 여물기도 전에 실익이 보이지 않는다며, 마케팅 전문가가 손바닥 뒤집듯 경매 분야에 뛰어들 수는 없는 노릇이다.

　지속적인 브랜드를 만들어 가는 것은 힘든 일이다. 영역을 확장하는 것은 모든 사업의 큰 목표다. 선결 조건은 기본 토대를 마련했는지 여부다. 작은 영역이더라도 깨지고 구르며 그 안에서 발전시키는 것이 **빠를** 수 있다.

　소설 <미카르 추드라>를 펴낸 작가 막심 고리키가 한 말을 새겨보면 지식창업자가 지녀야 할 마인드를 엿볼 수 있다. "아무리 작은 승리라도 한 번 자신에게 승리하면 인간은 갑자기 강해질 수 있는 법이다"

chapter. 5

가치 확장을 위한 '강의력'은
필수 조건이다

교육이 신사를 만들기 시작하고, 대화는 신사를 완성시킨다.
– 토마스 풀러 –

지식창업자들은 대중 앞에 설 기회가 많다. 자신의 경험, 지식, 노하우를 전달하기 위해 수십 명, 수백 명의 청중 앞에 선다. 기회가 없더라도 스스로 자리를 만들어야 자신을 증명할 수 있다.

학창시절부터 교단에 서서 무언가 얘기를 하려고 하면 가슴부터 탁 막힐 정도로 많은 사람 앞에 서는 것을 꺼렸다. 특히 내가 모르는 분야를 공부해 온 후 들려줘야 하는 상황이 생기면 난감할 수 밖에 없었다. 하지만 지금은 사람들과 가치를 공유하고 교감하는 자체가 보람이 됐다. 누군가의 생각만 받아들이는 것에 익숙했던 내가 타인에게 가치를 전달하는 입장으로 바뀌다 보니 적극적인 삶을 사는 느낌이 절로 들었다.

회사생활을 하면서도 직장인 신분으로 자기계발 분야 강의를 했다. '강의하는 직장인' 타이틀을 가지게 됐고, 성공자 입장도 아니기에 청중과 같은 눈높이 선상에서 도움을 줄 수 있는 방법을 모색했다. 멋모르고 시도했던 강의가 두 번째, 세 번째 강연으로 이어졌고 내적, 외적으로 조금씩 변화의 싹이 텄다. 다른건 몰라도 도전하지 않았다면 지금의 소소한 변화는 없었을 것이다.

강의를 하기 전에도 재능기부로 이야기를 나누기 위해 많은 기관을 돌아다녔다. 초기에는 월급의 20%가 차비나 식대로 소진됐다. 돈은 소비됐을지 모르지만 가슴 뛰는 가능성은 나도 모르게 축적되고 있었다. 이 당시만 해도 타인을 위한 재능기부라기보다 나를 위한 작은 발걸음이었다. 직장생활에 치이고 명확한 꿈이 없이 시간 죽이기에 바빴기에 의식적으로 무언가에 몰두하고 싶었다. 살아가는 것 자체가 스트레스였던 시기였다. 넋이 나간 사람처럼 공원 벤치에 앉아 있는 날이 많아졌다. 많은 실패로 내 손에 아무것도 없는 현재, 과연 할 수 있는 것은 무엇일까? 많은 생각을 했다. 방황의 세월을 보낸 뒤 마음을 추스르고 직장생활을 이어갔고 그 이후 10년의 세월이 흘러 지금에 이르렀다.

직장 생활 이전의 힘든 경험과 조직생활을 하는 동안 차곡차곡 쌓아 올린 나만의 노하우를 결집시켰다. 나만의 꿈을 현실화할 충분한 시뮬레이션을 3년여 동안 꾸준히 반복했다. 이상이 현실이 된 순간, 꿈이 보이는 순간이 조금씩 고개를 들었다. 강의를 통해 사람들을 만나고 내 이야기를 전하면서 그들을 변화시키는 것에서 희망을 봤기 때문이다.

유명한 강사도 아니고 누군가에게 강의하는 법을 배우지도 않았다. 그야말로 '야전'에서 익혔고 불러주는 곳이면 어디든 달려갔고, 불러주지 않아도 발품을 팔아 노크를 했다. 강의료 자체를 물어보지도 않았다. 강의료를 묻기 전에 내가 누군가에게 도움이 되는 이야기를 할 수 있는지에 집중했다. 내 메시지를 원하는 사람을 찾고 싶었을 뿐이다.

직장인 슬럼프에 대해 이야기를 나눌 자리가 있었다. 강의 시작 1주일 전만 해도 참여 인원이 10명이었는데, 바로 전날 담당자로부터 2명으로 줄어 어찌해야 할지 고민이라는 말을 들었다. 나도 고민을 했다. 수원에서 충남 당진까지 왕복하는 시간과 차비를 빼면 열정페이도 되지 않았다. 무엇보다 2명 앞에서 내가 흥이 나서 이야기를 할 수 있을까 하는 의문이 앞섰다. 하지만 망설임 끝에 담당자에게 수강생이 원하면 가겠다고 전했고 기차에 올라탔다. 마이크도 필요 없이 육성으로 강의를 했던 그때 기억은 아직까지도 생생하다. 그때 만났던 수강생 중 1명은 아직도 인연이 닿아 얼마 전 결혼식 초대를 받고 다녀왔다.

실질적으로 강의법을 논할 만큼 교수법이 뛰어난 것도 아니고 누구에게 강의법을 가르치거나 언변이 화려한 것도 아니지만 나름의 '강의력'에 대한 소신은 가지고 있다. 밑바닥에서 뛰고 구르며 느끼고 원칙을 세운 것들은 다음과 같다.

첫 번째, 청중의 숫자에 연연하지 않기.

'강의'라고 표현은 하고 있지만 저자가 생각하는 강의는 '청중과 나누는 대화'와 같다. 청중이 많다면 자신의 메시지를 들어줄 사람도 많다는 것에 가슴 뛰겠지만, 결국 강의는 단 한사람을 바라보며 이야기하는 것과 같다. 한 사람의 마음을 움직이는 것부터가 시작이다. 청중은 많은데 시선 처리 할 곳이 하나 없이 국어책 읽듯 서둘러 강연을 끝내고, 얼마가 입금됐는지 계좌를 훑어보는 습관에 젖으면 강의는 '일' 그 이상 그 이하도 아니다.

두 번째, 강의를 통해 스스로 성장한다.

장소가 다르다고 매번 같은 내용을 말하지 않는다. 항상 내용을 업데이트 하고 새로운 이야기를 추가하는 습관을 가진다. 시사 이슈가 무엇인지 항상 가늠하고 사례로 녹일 것을 생생하게 끄집어 낸다. 저자는 보통 강의 몇 시간 전 일어난 이슈까지 확인해 실시간으로 전달하고는 한다. 강사는 가치와 정보를 버무려 지식이라는 레시피를 건네는 것과 같다. 생각지 못한 최신 정보를 건넬 때 청중은 부가가치를 얻는 기분이 든다. 청중의 피드백을 느끼며 성장하는 것이 강사이기에 아낌없이 주는 나무가 되어야 한다.

세 번째, 강의가 없을 때에도 매일 있는 것처럼 연습하기.

콘텐츠를 쌓아가는 와중에 갑작스러운 강의요청이 오는 경우가 있다. 충분히 사전 연습이 되어 있지 않으면 당일에 헤맬 수 있다. 보통 초보강사들은 강의 기회가 없어 콘텐츠 만들기를 미루는 경향이 있는데 당장 내일 강의가 있다 생각하고 준비완료가 되어야 한다. 당장 오늘이라도 달려갈 수 있다는 것은 담당자와의 신뢰로 이어진다. 지식창업자는 사람 간의 '관계'가 큰 자산이므로 상대방의 인적 자산이 될 수 있도록 먼저 노력해야 한다.

네 번째, 청중의 눈빛을 보며 감정을 읽을 줄 알아야 한다.

사람의 눈빛을 들여다보면 감정을 읽는 것은 그리 어렵지 않다. 지루해 하는지, 공감하고 있는지 나타난다. 오늘 하루 강의가 마음대로 되지 않았다면 청중의 눈빛을 읽지 못했다는 것과 같다. 강의는 주입식, 일방적으로 이루어질 때 공감이 서지 않는다. 교류의 감정이 느껴지지 않는다. 감정을 읽기 위해서는 자신의 메시지가 정말 유용한 콘텐츠인지 객관적으로 살펴볼 필요가 있다.

지식창업자에게 읽고, 듣고, 말하고, 쓰는 것은 동시다발적으로 이루어져야 한다. 어느 한 분야가 처진다면 온전한 지식창업자가 되기 힘들다. 그 중에 말하기는 사람들과의 직접적인 대면을 뜻한다. 감정을 전달하고 공감을 나누기에 중요한 요소이며 스킬이다. 화려한 언변보다는 자신이 생산해 낸 콘텐츠를 효과적으로 전달하는 것이 관건이다. 현 단계에서 가치를 확장하기 위해서 필요한 것이 바로 '강의력'이다.

chapter. 6

항상 혼자 힘만으로 모든 퍼즐조각을 맞출 수는 없다

역경은 누가 진정한 친구인지 가르쳐 준다
– 로이스 맥마스터 부욜 –

몇 년 전, 익숙한 제품들이 TV광고에 함께 모습을 내비쳤다. 팔도 비빔면과 동원 참치가 함께 등장했다. 앞서 선보여 인기를 끌었던 농심의 콜라보 레시피, '짜파구리'는 '농심'이라는 같은 회사의 브랜드였다. 하지만 비빔면 매출 1위 브랜드와 참치 1위 브랜드의 콜라보 마케팅은 맛은 둘째 치고 타사간의 협업으로 인해 신선한 느낌으로 다가왔다.

유통업계의 콜라보 마케팅은 사실 어제 오늘 일이 아니다. 특히 영화 시장과 유통업계의 협업 마케팅은 꾸준히 이어져 왔다. 영화마니아와 일반인들에게 관심을 끌고 있는 신작 개봉일에 맞춰 등장인물 캐릭터를 마케팅에 적극적으로 활용하고 있다. 영화마케팅이 유통업계에서 자주 활용되는 것은 영화 마니아층이 두텁고 영화 상영 기간 중 효과 대비 적은 지출로 마케팅에 집중할 수 있기 때문이다. 결국 협업은 자신이 필요로 하지만 메꿀 수 없는 부분을 상대방이 보완해주고, 상대방이 갖지 못한 것을 보충해주는 것이다.

작은 규모로 사업을 꾸릴 때는 자본이 한정적이기 때문에 모든 분야에 똑같은 비율로 투자를 할 수가 없다. 뒤처지는 부분이 생길 수 밖에 없다. 1인 창업은 마케팅, 강연, 칼럼기고, 집필, 영업, 카피라이팅, 기획, 제작, 코칭까지 모든 것을 스스로 할 줄 알아야 함은 확실하다. 하지만 매번 혼자 할 수는 없고, 혼자 할 필요도 없다. 혼자 해낼 능력이 모자라 외주를 주는 것과 스스로 할 수 있음에도 시간과 비용을 절감하기 위해 제휴를 하는 것은 천지 차이다. 투자를 할 수 없는 부분은 제휴 마케팅으로 메꾸는 능력이 필요하다. 강의 스케줄로 몸이 묶여 있는 시간에도 한편으로 또 다른 가치를 만들어내고 있어야 한다. 칼럼 집필로 시간을 보내고 있을 때에도 다른 한쪽에서는 마케팅이 이루어지고 있어야 한다.

제휴마케팅이라고 해서 거창하거나 모두 돈이 드는 것은 아니다. 내가 가지고 있는 것을 상대방에게 먼저 나누어 주면 '가치교환'을 통해 서로 간에 비용 없이 해결을 할 수 있다.

디지털 시대지만 선사시대의 물물교환이 통할 수 있다. 가장 중요한 것은 '무엇을 얻을 수 있느냐'보다 협업 상대방에게 '무엇을 줄 수 있느냐'이다.

두뇌게임 콘텐츠 기획을 했을 때 많은 사람들에게 선보이고 싶다는 생각을 했다. 내가 기획한 포트폴리오를 들고 직접 사람들을 모집해 대회를 개최하기도 했지만 매번 진행하기에는 다른 스케줄과 맞물려 무리가 있었다. 직접 모객을 하는 것 외에 무엇을 할 수 있을까 생각을 해보면 답은 쉽게 나온다. 이미 관심 있는 사람들의 인프라를 구축하고 있는 사람을 섭외하면 수월해진다. 관련 대회 진행을 하는 업체 담당자와 연락해 협업을 이루어낼 수 있었다. 업체 담당자도 콘텐츠를 가진 사람을 원하고 있었고 서로 생각하는 지향점이 같아 기획을 실행으로 옮길 수 있었다.

지식창업자에게 협업은 선택보다는 필수조건에 가깝다. 물론 각 분야에 직원을 배치하면 협업이 필요 없을지도 모른다. 하지만 인건비도 결국 고정 비용이다. 자신이 할 수 있는 한 비용을 최소화 하고 이루어낼 수 있는 성과가 클수록 만족감은 배가 된다. 회사를 키우는 것은 그 뒤에 이어져도 늦지 않다. 무형의 가치를 현명하게 교환할 수 있을 때 지식창업자는 더 빠르고 높게 비상할 수 있다. 지식창업자가 익혀야 할 협업 스킬을 정리하면 다음과 같다.

첫 번째, 생산성과 비용과의 상관관계를 생각한다.

반복적으로 행해지거나 굳이 자신이 하지 않아도 될 일은 외주를 고려해 볼 필요가 있다. 비용을 따져보고 스스로 하는 것이 맞는지, 협업을 이루어야 하는지 비교의 추를 이용해 봐야 한다.

저자는 3년 전만 해도 포토샵, 일러스트, 자바스크립트 툴을 전혀 다루지 못했다. 하지만 필요성을 깨우치고 수개월 간 동영상과 책을 보며 실무자만큼 익혔다. 익히는 데 쉽지 않았지만 배움의 과정이 자본이 된다는 참 명제를 실현하기 위해 꾹 참았다.

어렵게 익힌 것을 활용하기 위해 처음에는 스스로 모든 결과물을 만들어냈지만 이제는 오히려 외주를 주고 있다. 혼자 해낼 수 있지만 외주를 준다는 것은 다른 생산성 있는 일에 매진할 시간을 우선시했기 때문이다.

두 번째, 내가 '원하는 것' 보다 상대방이 '필요로 할 것'을 예상하라.

생각만으로 그치지 않고 제안을 많이 해야 한다. 사람들은 보통 구인광고나 모집광고를 보고, 상대방이 필요로 하는 것이 무엇인지 확인한 후에야 움직인다. 생각을 바꿔서 상대방이 당장은 원하지 않지만, 필요로 할 것이 무엇인지 파악해 제시할 수 있어야 기회가 생긴다. 상대방은 '아차, 그런 게 있었구나'라는 생각을 할 때 내 쪽으로 몸을 기울이게 된다. 사람들이 기계적으로 내건 '필요'만을 찾아다니면 경쟁자도 많고 제시할 카드에도 차별성을 두기 어렵다.

세 번째, 초기에는 '협업의 실익'에 목매지 않는 것이 필요하다.

'상대방이 5를 줬으니 나도 딱 5만 주자'라는 생각보다 협업 자체의 가치에 중점을 두는 것이다. 한 분야에서 일하다 보면 생각보다 세상이 넓지 않고 마음이 맞는 사람도 많지 않다. 특히 조직을 나온다면 한 사람 한사람이 소중한 아군이 될 수 있다. 아군이 되어주기를 바라기보다 상대방의 아군이 먼저 되어야 한다. 수익적인 면은 깔끔하게 정리하되 유연한 협업이 필요한 이유다. 아무리 업무로 엮인 제휴마케팅이더라도 사람이 하는 일이다. 서로 감정교류가 맞는 사람에게 하나라도 더 얹어 줄 마음이 생기는 것은 어쩔 수 없다.

네 번째, 도와 줄 때는 확실하게 도와줘야 한다.

지역 자기계발모임 운영자에게서 연락이 온 적이 있다. 그 모임은 매월 강사를 초빙해 강의를 마련한다고 했다. 직장인들에게 들려줄 콘텐츠를 원했다. 자신 있는 분야였기에 흔쾌히 응했고 준비를 했다. 한 통의 전화가 다시 왔다. "죄송하지만, 강연비는 6만 원 밖에 준비가 안됐는데 가능하실까요?" 사실 왕복 150km를 달려야 하는 자동차 기름 값으로도 빠듯한 금액이었지만 수락한 데는 이유가 있었다. 강사 초빙을 할 담당이 갑자기 바뀌어 마땅한 강사를 찾지 못했다는 솔직한 이야기를 사전에 들었기 때문이다. 강연비에 매몰돼 쭈뼛거렸다면 정확히 2달 후 그곳에서 저자특강을 할 수 있는 기회는 생기지 않았을 것이다. 꾸준히 연락을 해온 담당자가 직접 마련해준 것이었다. 이것저것 재다보면 사람도 놓치고 수익도 놓칠 수 있다.

자신이 가진 강점을 나눠주고 타인의 강점을 취하는 것이 생존 방법의 하나가 될 수 있다. 다른 사람이 가진 능력을 자신의 능력과 치환할 때 생각지 못했던 효과가 나타난다. 단 한번의 프로젝트가 또 다른 협업으로 이어진다. 생각지 못했던 활로가 이어진다. 한 사람의 '인적자원'이 마르지 않는 무형의 '인맥 풀'을 생성한다. 더 이상 누군가가 내 인맥이 되어주길 바라지 않고, 스스로 누군가의 '인적자원'이 될 수 있는지 곰곰이 생각해 볼 필요가 있다.

chapter. 7

시간 파괴자가 될 것인가,
시간 창조자가 될 것인가

나는 때를 놓쳤고, 그래서 지금은 시간이 나를 낭비하고 있다
– 윌리엄 셰익스피어 –

조직생활과 사회생활을 할수록 느낀 점은 직급이나 지위에 따라 시간 사용 행태가 다르다는 점이었다. 신입사원은 언제 상사가 결재해줄까 책상에 놓아둔 결재판에 눈이 가고 신경쓰인다. 오너는 오전 업무를 끝내놓고, 거래처 사장을 만난 후 틈나는 시간에 결재 판을 들여다 볼 수 있다. 시간은 사람 간의 '관계'로부터 영향을 받기도 한다. 보고 싶고 친밀한 관계라면 부리나케 뛰어가 맞이하지만, 명절마다 "취업은 했니?"라고 묻는 친척이 거실에 상주하는 시간은 참 길게 느껴진다. 어느 곳이건, 어느 때이건 시간을 조율할 수 있는 자와 시간을 부여받는 자는 존재한다. 그럼에도 시간의 속성을 따져보면 시간만큼 정직한 것이 없다. 모두에게 똑같이 공통으로 주어지기 때문이다. 월급 액수가 다르다면 지출 행태가 다를 수 밖에 없지만 시간은 똑같이 주어짐에도 우리는 너무나 다르게 살아가고 있다.

직장생활을 할 때 3~4년 간 주말에도 미래를 위해 많은 시간을 투자했다. 주 7일 동안 일하는 격이었지만 꿈에 투자하는 주말 이틀이 어느 시간보다 소중했다. 누군가에게 부여받은 시간 속에서 열심히 일하는 동시에 스스로 시간을 지배하기도 하는, 양쪽의 경험을 모두 해보니 그 자체로 시간과 맞닥뜨릴 수 있는 힘이 생겼다. 시간의 소중함을 체험했다.

지금은 인생2막을 고민하는 직장인들을 위해 네이버카페 〈한국 지식창업 협회〉를 운영하며 작가, 1인창업가의 꿈을 이루도록 책쓰기 정규과정, 1인 창업학교, 글쓰기 스터디 프로그램을 진행 중이다. 강좌를 통해 지난 몇 년간 나와 다른 삶을 살아가는 사람들을 많이 만났다. 내가 진행하는 글쓰기 강의 수강생으로 만난 스피치 강사, 영어강사, 경찰관, 교사, 보험설계사, 자동차 딜러, 대학원생, 여행 파워블로거 등 각 분야에 종사하는 분들이었다. 그들이 원고를 잘 써낼 수 있게 시간 스케줄을 짜내는 역할까지 하다 보니 그들의 일상을 들여다 볼 수 있었다. 바쁘게 살아가는 사람들이었다. 똑같이 바쁘지만 무엇이든 해내는 사람들이 있다. 똑같이 바쁘지만 세월이 지나 '시간이 없었다'며 한탄하는 사람들이 있다. 어떤 차이가 있는 걸까?

핵심은 '시간'보다 '선택'에 있다. '시간'보다 '무엇을 선택하고 집중할 것인지'가 중요하다. 대개 인생이라는 망망대해에서 표류하는 사람들은 '무엇을 해야 할지 모르는' 특성을 가지고 있다. 저자도 표류하는 인생을 오래 지속했고 견뎌봤다. 목적이 뚜렷하지 않고 당장 내일 '무엇'에 도전할지 명확하지 않으면 시간 낭비에 익숙해진다.

사실 시간은 무엇을 하고 있든 하고 있지 않든 똑같이 흘러간다. 체감만 다를 뿐이다. 새로운 것에 도전할수록 시간은 '층위구조'로 변하며 일어났던 사건이 기억에 남아 '알차다'는 느낌이 강해진다. 인생에서 '선택'이 줄어들면 시간을 층이 나눠지지 않은 '덩어리'로 쓰게 된다. 기억할 수 있는 사건도 줄고 오히려 나이가 들수록 시간의 가속도는 빨라진다. '주말 동안 뭘 한거지?'라며 일요일 저녁에 한숨을 쉬기 바쁘다. 물론 선택지가 많은 삶이 훌륭한 삶은 아니다. 선택지 없이 주어진 삶이 원만하다면 선택지를 늘릴 필요도 없다. 다만 무언가 선택을 해야 할 시기를 알고 있음에도 계속 뒤로 늦추고만 있을 때 시간의 가속도는 빨라질 수 밖에 없다.

"당신 뭐야? 쳇바퀴 돌 듯 다 똑같은데 왜 당신만 달라?"

의사 '준영'은 딸의 생일 날 약속 장소로 향하던 중 교통사고 현장에서 사망한 딸 '은정'을 발견한다. 비행기 안에서 다시 눈을 떴을 때 그는 딸의 사망사고 2시간 전으로 돌아가 있었다. 매일 눈을 뜨면 사고를 막기 위해 갖은 수단을 쓰지만 결과는 바뀌지 않고 매일 딸이 죽는 지옥 같은 하루를 반복하던 어느 날, '준영' 앞에 그처럼 사고로 아내를 잃은 '그 날'을 반복하고 있다는 남자 '민철'이 나타난다. 끔찍한 돌고 도는 시간 속에 갇힌 두 사람은 힘을 합쳐 하루의 끝을 바꾸기 위해 동분서주 하지만 어떻게 해도 예정된 죽음은 막지 못한다.

반복되는 사건을 다룬 영화 〈하루〉에서 '시간'과 '선택'은 주요 키워드였다. 어떤 선택을 하든 결과는 쉽게 바뀌지 않았다. 한정된 '2시간'이 옭아매는 덫에 걸렸기 때문이다.

우리도 항상 정해진 '절대 시간' 속에서 선택을 강요받거나 스스로 선택한다. 직장에 있는 시간, 수면, 휴식, 식사 등 빼놓고는 살 수 없는 시간을 제외하면 남는 시간은 몇 시간이나 될까? 이 한정된 시간 속에서 '시간이 없다'는 이야기는 더 이상 뻔뻔한 핑계는 아니다. '시간을 쪼개 써라'라는 흔한 말도 '절대 시간'이 부족하면 와 닿지 않는다.

영화 〈하루〉에서 김명민이 2시간이라는 짧은 시간에 고군분투를 한 이유는 딸을 살리겠다는 '뚜렷한 목적'이 있었기 때문이다. 사람들은 무엇을 원할 때, 가슴이 뛸 때, '이것만은 꼭 이루겠다'는 마음이 동할 때, '이것을 놓치면 안되겠다'는 마음이 들 때, '이거 아니면 죽는다'라는 마음이 설 때 시간을 넘어설 수 있다. 누구나 '절대 시간'을 늘릴 수 있다.

영화배우 존 웨인은 다음과 같이 말했다.

"매일 밤 자정이 되면 '오늘'이라는 시간이 깨끗한 상태로 다가온다. 언제나 더 이상 완벽할 수 없는 모습으로 말이다."

자정이 되면 완벽하게 초기화 되어 돌아오는 '시간'. 완벽함을 유지하며 자신만의 시간을 창조할 것인지 완벽함 자체를 무너뜨리는 파괴자가 될 것인지는 스스로 선택할 몫이다. 선택해도, 집중해도 인생은 변하지 않을 수 있다. 하지만 선택하지 않고 집중도 하지 않으면 시간은 결코 내 편이 되지 않을 것이다.

갖은 노력을 해도 이루지 못하는 것들이 많은 세상이다. 포기하지 않고 도전한다고 해서 모든 것을 이룰 수는 없다. 그럼에도 무언가에 도전하고 있다면, 도전하고자 한다면 온전히 '자신의 시간'을 살아갈 필요가 있다.

평범한 사람이 잠재력을 일깨우고
더 나은 삶을 살아가기를 바라며..

한 해에 4~5권의 원고를 집필하며 한 숨 돌리고 나니 이 끝없는 에너지가 어디에서 나온 걸까 곰곰이 생각해 봤습니다. 20대를 실패로 인한 회한과 허송세월로 허비하며 요동치는 마음으로 살았습니다. 그나마 20대 중반 언저리부터 시작된 노력의 결과물들이 하나씩 세상 위로 드러나며 가슴 뛰는 삶의 채비를 갖춰가고 있습니다. 특별한 기술, 능력이 없음을 한탄하고 잘 살고 있는 남들만 부러워하며 살았던 지난날이었습니다. 정작 내 안에 감춰진 소중한 것들을 인지하지 못하고 살았죠.

이 책을 집필하면서 끊임없이 생각이 든 것은 미래에 대한 고민이 많은 독자들에게 '희망의 찬가'만 불러서는 안되겠다는 것이었습니다. 그런 이유로 지식창업이 다른 창업에 비해 부담 없이 시작할 수는 있지만 함정 또한 존재한다는 것을 담담하게 담아내고자 했습니다.

인생은 선택의 연속입니다. 어떤 선택을 하건 그 책임은 오롯이 자신에게 있습니다. 조직을 떠나 혼자 살아갈 수 있는 힘을 기른다는 것, 쉽지 않은 선택입니다. 하루 하루 맞지 않는 조직문화 속에 자신을 다독이며 살아남는 것도 하찮은 선택이 아닙니다.

직장생활과 창업가의 양 극단을 온몸으로 모두 느껴보고 살아가다 보니 삶에 대한 내성이 생겼습니다. 꾸역꾸역 참는..바보 같지만 꼭 필요한 인내력도 늘었고 겁 없이 맨몸으로 세상에 덤비는 무모함도 갖췄습니다. 특별한 전문 기술 없이도 배움을 방패삼아 지식을 무기 삼아 약육강식 같은 사회에서 살아남아 내 스스로를 온전히 지키고 있다는 것 자체에 고마움을 느낍니다.

앞으로 또 어떠한 일이 펼쳐질지 가늠할 수 없지만 불안감 보다는 스스로 인생을 만들어간다는 느낌이 듭니다. 이 행복감을 지키기 위해서 부단히 노력해야겠다는 생각뿐입니다. 독자 여러분도 자신이 가진 소소하지만 의미 있는 지식 가치를 자본 삼아 천천히 나아가시기 바랍니다.

여러분의 책꽂이 한켠을 차지할 수 있는 좋은 책이 되었길 소망합니다.

이종서

출근하지 않고 퇴직하지 않는 1인 지식창업

2017년 10월 15일 초판 발행
2018년 01월 25일 2쇄 발행
2022년 03월 22일 개정 1쇄 발행

지은이   이종서
펴낸이   배수현
디자인   이윤진
홍 보   배성령
제 작   송재호
펴낸곳   가나북스 www.gnbooks.co.kr
출판등록   제393-2009-12호
전 화   031-959-8833
팩 스   031-959-8834
ISBN   979-11-6446-052-6(03190)